science and technology service industry

促进科技服务业发展政策支持体系研究

陈岩峰 著

暨南大學出版社
JINAN UNIVERSITY PRESS
中国·广州

图书在版编目（CIP）数据

促进科技服务业发展政策支持体系研究／陈岩峰著. —广州：暨南大学出版社，2011.6
ISBN 978-7-81135-871-1

Ⅰ.①促… Ⅱ.①陈… Ⅲ.①科技服务—政策支持—研究—广东省 Ⅳ.①G322.765

中国版本图书馆 CIP 数据核字（2011）第 098714 号

……………………………………………………………………………………

促进科技服务业发展政策支持体系研究
著　　者　陈岩峰
出 版 人　徐义雄
策划编辑　杜小陆
责任编辑　杜小陆　苏倩欣
责任校对　郑小燕
出版发行　暨南大学出版社（广州暨南大学　邮编：510630）
网　　址　http：//www.jnupress.com　http：//press.jnu.edu.cn
电　　话　总编室（8620）85221601
　　　　　营销部（8620）85225284　85228291　85228292（邮购）
排　　版　弓设计工作室
印　　刷　佛山市浩文彩色印刷有限公司
开　　本　787mm×960mm　1/16
印　　张　11.75
字　　数　210 千
版　　次　2011 年 6 月第 1 版
印　　次　2011 年 6 月第 1 次
定　　价　26.00 元

前　言

科技服务业是在研究开发链和科技产业链中不可缺少的服务性机构和服务性活动的总和。发展科技服务业，是广东省提高工业企业创新能力、优化第三产业内部结构和走新型工业化道路的关键举措。广东省科技服务体系不仅为工业企业的技术创新提供了丰富的知识和人力资源，推动了科技成果的转移和商品化，而且，通过产学研合作等形式有效地促进了广东省工业自主创新能力的提高，对广东省工业经济的发展起着支撑引领作用。通过构建一个完善的科技服务体系，提供高效率、高质量的科技服务，为广东省科技创新与经济发展提供强有力的支撑，对于广东省建设现代化的产业体系具有十分重要的意义。

广东省在改革开放后采取的一系列法制措施为科技服务业发展提供了法制环境保障，以积极的政府行为发挥了政府对科技服务机构的推动和规范作用。广东省经济的飞速发展为科技服务业发展提供了强大的经济支撑，制造业和服务业的融合发展构成了科技服务业发展的巨大需求，科技全球化进一步拓展了其深度和广度。第三方服务成为科技服务业新的增长极，科技服务外包已经成为国际服务贸易的重要形式，民生与健康医疗服务是国内外广泛关注的新兴科技服务领域。广东省科技服务业在广东省产业结构调整、珠三角新一轮的发展中，将以独立的产业形式发展，相应地，其在法律、经济、产业、技术、人力资源、国际合作环境等方面的约束也必须在这个发展过程中得到突破。

根据对工业与科技服务业的直接消耗系数和完全消耗系数的测算得知，广东省工业的主导地位非常明显，不仅工业部门对自身依赖程度强，科技服务业也极大地依赖于工业。从感应度系数计算结果看，工业部门对经济发展的拉动作用和瓶颈制约效应非常明显，而科技服务业的感应度系数远远低于平均水平，但这并不意味着它对经济的拉动或制约作用微小，科技服务业很大程度上间接作用于经济，比如科学基础研究的影响在短时间内是很难体现的，从长远来看，它将为社会经济发展带来极大的促进作用。不同类型的工业企业对科技服务业的需求类型、需求数量不同。大型工业企业对科技服务业的需求主要倾向于研究开发服务，而中小型工业企业对科技服务业的需求偏向于技术转移、技术推广、孵化器和投融资服务等科技中介服务。同时，不同规模的工业企业对科技服务业的需求层次不同，这直接影响科技服务业的规模、结构和水平。

政府对任何一个产业的发展都必须面临这样一些问题，即确定政府与产业之间的关系，并进行有效的宏观调控；建立法律支撑体系；建立适合产业发展的社会、经济和文化环境。世界各国在科技服务业发展的政策体系建设上的共同点是：建设促进科技服务业发展的法律体系，实行行业自律性管理，构建政府科技服务业机构组织，构建科技服务业网络，促进自主创新发展，支持中小企业科技创新，等等。但各国或地区也各具特色，各有侧重。本书主要关注省级层面的政策支持，同时进行空间和布局因素及时序变化因素的分析，最终形成在四维普适分析框架下的促进科技服务业发展的政策支持体系。

陈岩峰

2011 年 2 月

目　录

表格目录

图示目录

第一章　科技服务业理论研究

1　科技服务业的概念

科技服务业就是通过研发活动来获得科学发现、技术发明或技术创新的新的技术成果，应用、推广、扩散创新科学技术成果，并为国民经济、社会发展和科学技术发展本身提供服务活动的总和。科技服务业分成两个部分：一部分是指科技部门的科技服务活动，是经过国家的标准、规范认定，按统计的形式划分，区别这个部门和其他部门的不同而成为科技服务业的，等同于统计口径中界定的科技服务业。另一部分是指非科技部门的科技服务活动，即科技部门以外的科技服务活动的总和，简称科技服务活动。科技部门的科技服务活动是建立在法人基础上的，它的主营业务是科技服务，如科技服务收入占全部收入的50%以上。非科技部门的科技服务活动包括行政法人、制造业企业内部形成的科技服务活动，这些活动不是主营业务，但包含在经营业务中，为避免重复性的问题，虽然不列入统计范畴，但是符合科技服务的含义，这是科技发展的结果。

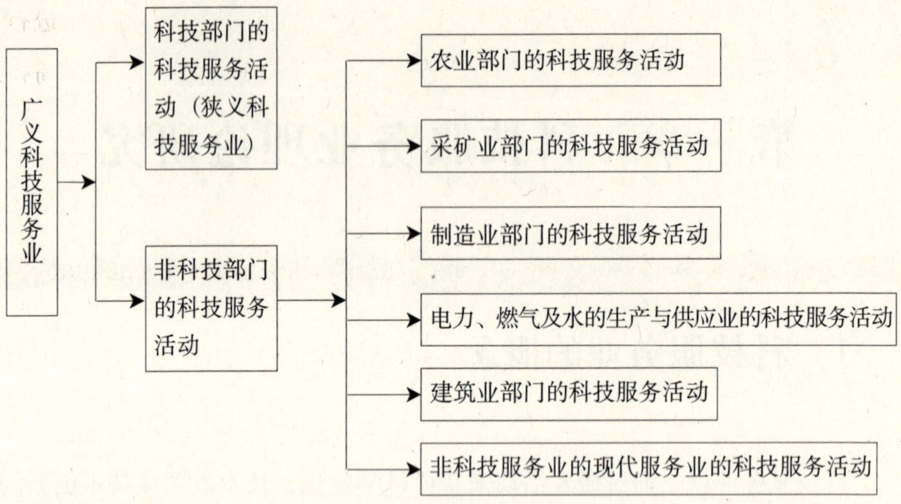

图1－1　广义科技服务业的构成

科技服务业不等于所有营利性科技服务机构、组织单位的集合，有一部分科技服务是事业性的，如提供公共科技服务、收入来源主要是政府财政拨款的研究机构等。科技服务业不完全以市场为导向，也不是专指计划经济体制下政府主导的、公有的、以提供无偿科技服务为特征的公益型科技服务业，而是一部分是市场化的，一部分是非市场化的。科技服务业是以多种所有制形式专业科技人员为主体，提供多种科技服务内容的知识密集型服务业。

2　科技服务业的特征

2.1　科技服务产品具有商品属性、外部性和服务性

科技服务业是作为服务活动表现出来的一种科技活动，科技服务业产品以科技创新为特征，属于非物质产品，如科技知识产权、专利、版权等。科技服务具有商品的属性，其劳动方式是有别于其他行业的，是运用自身知识

和智力资源为科技创新提供各种服务，并且用于与其他各类企事业单位进行交换。它对从业人员的知识层次和结构的要求比其他一般服务行业要高得多，是一种与科技有关的服务活动，具有知识、智力密集性。科技服务产品既具有促进科技进步与创新的使用价值，又是兼有私人产品和公共产品特性的混合产品，同时具有外部性。科技服务业的劳动工具有技术装备复杂、投资多、占用劳动力少、消耗低、环境污染少的特点。

2.2　科技服务业是面向社会的知识密集型服务业

科技服务业是面向社会公众的一种公共性服务，同时又是面向顾客及消费者的一种商业化服务。该行业研究开发资金占 GDP 的比例高，从事科技服务的生产者，主要是具有一定知识水平的科技劳动者，特别是创造型劳动者。科技服务业的从业人员中，大专以上学历的人数要占总人数的 50% 以上，知识资本与技术资本具有特殊地位。因此，科技服务业属经济合作与发展组织（Organization for Economic Cooperation and Development，OECD）定义的知识密集型服务业。

2.3　科技服务业具有强大的裂变效应

科技服务业具有包容性大、裂变效应特别明显的特征。科技服务业是经济、科技发展所引发的社会分工细化的结果。现有的生产不断发展，产生了更多的科技服务活动的需求，推动了科技服务业的发展；科技服务业本身又是在某种临界点有规律地产生裂变的。在 20 世纪 80 年代以前，新兴的信息技术包括计算机研究及计算机应用，系统、软件、网络、光纤都在科技服务业的框架内。随着科学技术的突破，信息服务业大规模发展，上述内容即形成强大的信息通信（Information and Communication Technology，ICT）服务业。信息服务业的先进技术部分都经历了小规模的研究—开发—创新阶段，然后逐步地推进应用，到一定规模时形成了新的行业。随着科技服务业的进一步发展，生物技术、纳米技术、机器人技术都有可能从科技服务业中裂变出来。从统计的角度看，科技服务业由于这种裂变而变得规模小了。因此，在对科技服务业的规模与竞争力进行评价时必须考虑这种情况。

2.4 科技服务业的产业链和价值链

科技服务业完整的产业链较长，在很大程度上反映了国家与人民的长期利益；科技服务的价值体现具有滞后性，使得人们对服务价值的认同缺乏即时感；科技服务活动的条件差异性很大，科学实验的工具、仪器设备的研制与使用本身就是创新活动，与生产线、生产设备有本质区别，因而形成与一般生产活动性质不同的劳动方式，进而形成不同的社会分工。

在图 1－2 的科技服务业产业链中，上游的研究与发展活动形成的科技成果经过技术转移和推广，在专业技术服务和综合技术服务的支持下，达到了产业化科技服务业的结果。

研发环境与设施场所建设：研发环境包括法律、融资、财税、管理制度和政策等，发挥配套服务和行为管制两大功能；设施场所建设则提供了科技服务活动所需的物质条件，包括设备等科技条件和办公场所等硬件设施。

研发规划服务：包括市场分析研究、产业分析、技术预测、技术发展规划、知识产权检索、知识产权趋势分析、知识产权布局和战略规划、风险评估等。

研发要素聚集服务：包括知识与技术信息资源、科技人力资源、科技经费资源、科技基础设施服务、科学实验仪器、实验动物、特殊材料与试剂等要素服务。

研发组织与研发技术服务：包括自然科学、哲学、数学、思维科学等研发组织，以及软硬件技术研发、创新培训服务、实验、模拟、检测、交流合作、试验示范等各类科技活动。

知识信息服务：以知识要素为核心，提供技术研究所需的科技信息，开展技术培训和咨询，进行项目评估和论证，通过技术论坛进行知识交流等。

研发成果应用服务：包括研发成果评估（安全性、可用性、可靠性、风险性、价值性等）、知识产权组合与营销、知识产权评估、知识产权申请与转移、知识产权保护、知识产权获利模式规划、科技普及、科技会展、科技出版等。

专业技术服务和综合技术服务包括按行业区别的技术及软硬件技术服务和综合各种新技术的服务。

产业化服务包括产品设计、服务设计及其他设计、创业育成服务、科技职业培训、科技管理培训与服务、技术标准、技术检测、测试分析、行业规范、资质认证、知识产权证券化、知识产权交易等。

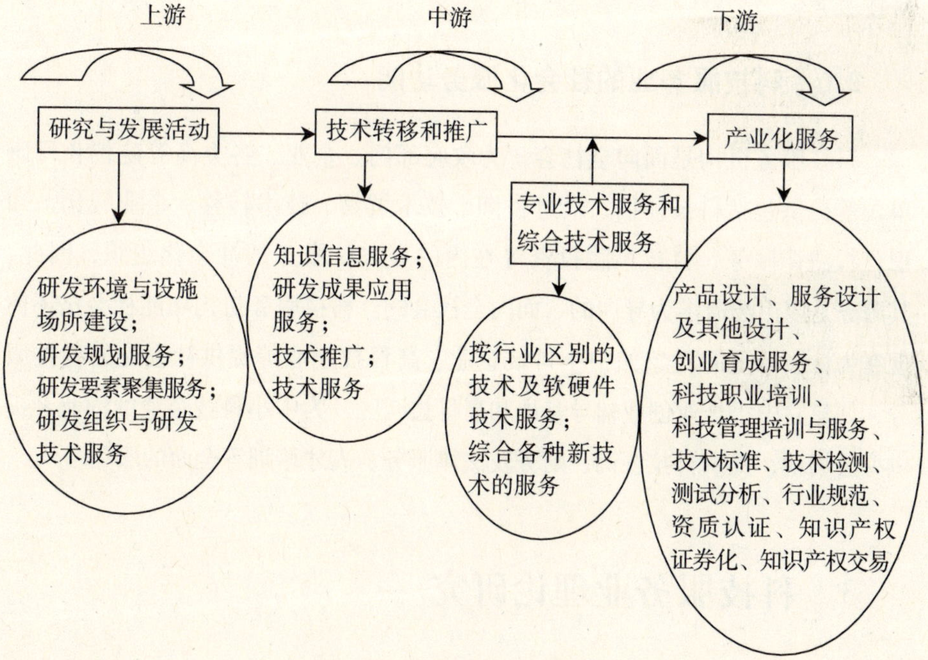

图1－2　科技服务业产业链

2.5　科技服务机构的专业化特性

科技服务机构专业化是指机构获得了国家专业资格认定，提供专业化服务。一方面，科技服务机构要拥有获得国家专业资格认定的从业人员，具有及时获取丰富信息资源的能力，能够了解和跟踪世界科技发展最新动态，拥有广泛的社会经济联系网络，对科技发展规律有足够的认识和敏锐的市场眼光；另一方面，科技服务机构要具有专业知识的服务人员，能针对不同的服务类型、服务内容和服务要求，提供高技术含量的专业服务。

由于现代科技的飞速发展和信息传播的广泛性及复杂性，单个科技服务机构所能涉足的领域和获得的有效信息总是有限的，难以满足社会多层次、全方位、高质量的科技服务需求，特别是一些大型的科技项目，往往涉及较多的学科专业，需由多个科技服务机构从不同侧面共同提供复合性的专业化科技服务。

2.6 科技服务业的社会化服务功能

科技服务机构是面向全社会，为政府部门、企业、各类高等院校和科研单位等提供包括科技评估、信息咨询、技术贸易、技术转移、企业孵化、知识产权法律服务、科技风险投资等在内的全方位服务的社会化组织，因此，其服务是以市场需求为导向的、面向全社会的。科技服务机构功能社会化还体现在为社会特定的对象如中小科技企业、高科技企业等提供社会化的科技服务，如建立中小企业创业辅导基地和高科技园区，为中小科技企业的创业者提供办公场地，提供科技咨询、财务及法律服务、人才培训等全面的服务。

3 科技服务业理论研究

3.1 科技服务业理论源的探讨

3.1.1 费雪理论

第三产业的概念是由英国经济学家费雪在 1935 年提出的[①]。在此之前，

---

① A. G. B. Fisher. Production, Primary, Secondary and Tertiary. *Economic Record*, 1939, vol. 15.

威廉·配第、萨伊、西斯蒙弟、李斯特、西尼尔等经济学家在不同时期从不同的角度对第三产业进行过分析，探讨了第三产业发展的经济思想。费雪把第三产业的概念和当时普遍存在于西方各国的第一产业、第二产业的概念一起用于对国民经济产业结构的划分上，形成了三大产业分类法。费雪第三产业理论的提出既是生产力发展的必然结果，也是社会消费水平不断提高的必然结果。其对社会经济发展的贡献在于它反映了人类的生活需要、社会分工和经济发展不同阶段的特征，体现了人类生产活动的发展进程。

3.1.2 配第—克拉克定理

配第定理是指产业不同，其收入也不同，这种产业之间的收入差异推动劳动力由低收入产业向高收入产业转移，劳动力就业层次的提高，使人均国民收入提高，进而使农业所占比例下降，产业收入差异推动了劳动力就业结构的变化。[①] 克拉克发展了费雪的第三产业的概念，主张以“服务性产业”来代替费雪提出的“第三产业”，他认为除农业、工业以外所有的部门都是第三产业（或称服务性产业）。

克拉克在配第定理的基础上，以实证分析的方法研究了经济发展过程中产业结构的演化规律，揭示了劳动力就业结构与经济发展程度之间的深刻关系，形成克拉克定理。克拉克定理是具有代表性的产业结构分析理论，其内涵是随着时间的推移和人均国民收入的不断提高，社会进步的结果是农业的就业人数相对于制造业的就业人数趋于下降，随后，制造业的就业人数相对于服务业的就业人数也趋于下降。

3.1.3 服务经济学

美国经济学家维克托·R. 富克斯以经济学理论为基础，利用统计数据、统计方法对服务部门和货物生产部门进行对比分析，形成了服务经济学理论。该理论认为，服务业发展的突出特点是服务业从业人数迅速、大幅度上升，造成这一事实的主要原因是对服务业的最终需求的迅速增长、生产发展

---

① H. B. Chenery & P. G. Clark. *Interindustry Economics*. New York：John Wiley and Sons，1959.

所引致的对生产性服务业需求的增长和服务业人均产值增长的相对缓慢。Gershuny 1978 年在《后工业社会》中提出自我服务经济①，Barras 对于创新过程和模式的研究推动了服务创新理论的发展。② 未来经济的发展将以经济服务化和服务知识化为特点。服务和产品的界限将很难界定清楚，产业的竞争力将从有形产品转移到无形服务上来，尤其是通过提高知识含量和科技水平来提高服务的顾客满意度。知识服务经济将会在服务业中处于主导地位。

3.1.4 服务科学

服务科学是由国际商业机器公司（International Business Machines Corporation，IBM）在 2004 年提出的，其目的是促进技术向服务领域的应用和转化，以帮助企业、政府和其他组织改进服务质量，提高服务水平。对于服务科学的研究目前处于概念阶段，还没有形成理论体系。广义的服务科学是指对有关现代服务的讨论，即“服务科学、管理和工程”（Service Sciences Management and Engineering，SSME）；狭义的服务科学仅指“服务科学、管理和工程”中的科学部分。倡导企业广泛采用 IT 和网络技术及科学成果，改进服务性能，降低服务成本，提高服务效率，以创造新的发展机遇。③ 服务科学的基本思想是以技术为手段，以服务为目的，技术创新模式是服务科学基本的构架思想，服务科学理念对沟通制造业与服务业、扩展服务职能及促进服务发展、创造潜在市场具有前瞻性的指导意义。

3.2 科技服务业相关理论的研究

3.2.1 交易成本理论

罗纳德·科斯教授在 1937 年将交易费用概念引入经济学中，对交易成

---

① Gershuny，Jonathan. *After Industrial Society*：*The Emerging Self-service Economy*. London：Macmillan，1978.

② Barras R. Towards a Theory of Innovation in Service. *Research Policy*，1986.

③ 赵玉川. 服务科学、服务创新与服务经济统计的发展. 技术经济，2009（2）：13～20.

本进行了较为深入的描述。① 经过约翰·沃莱斯、诺思及威廉姆森等经济学家对交易费用理论的发展，形成了比较完善的交易费用理论体系。科斯交易成本理论认为交易成本就是企业获得准确的市场信息所要付出的费用，这是因为在现代市场经济中，信息传播越来越快，透明度越来越高，因此获得既有高价值又有时效性的信息是企业赢得竞争的关键。科技服务企业和机构的主要业务有信息咨询服务、成果转移服务、投融资服务、人才服务、法律监督、企业孵化等。科技服务业产品本身的性质决定了它减少交易数量的功能。

科技服务专业化水平使交易效率大大提高。在给定企业存在的前提下，对于某一经济活动，如果市场组织生产所花费的交易成本高于企业组织生产所花费的管理成本就用企业去组织，反之，则用市场去组织。企业在技术创新过程中，一个技术创新供应者会同时和多个潜在采用者进行交流，而同一个采用者也可以与多个供应者联系。如果每个企业在市场中单靠自己去搜寻、识别所需的信息，就会因为工作量大、成本高、风险大而难以形成合作博弈，从而增加企业的交易成本。许多企业在技术创新过程中的某一环节，或某一方面资源处于劣势状态，需要科技服务组织综合社会高度分工而产生的比较优势予以补充。科技服务组织在搜集信息的同时可以实施对企业的监督，并通过规模效应降低信息搜索成本和监督成本。因此，科技服务组织可以极大地满足企业降低交易成本的需求。

3.2.2 信息不对称理论

美国约瑟夫·斯蒂格利茨等三位经济学家提出了信息不对称理论。该理论认为市场中卖方处于信息优势地位，买方则处于信息劣势地位。掌握更多信息的一方可以通过向信息贫乏的一方传递可靠信息而在市场中获益。② 科

---

① Ronald H. Coase. The Problem of Social Cost. *Journal of Law and Economics*, 1960 (4): 386 - 400.

② 赵大伟，李学荣. 基于交易成本理论的科技中介功能研究. 中国高新技术企业，2008 (8): 4 ~ 5.

技服务通过减少信息不对称使交易便捷，并作为一个专门的信息交换平台与沟通桥梁，使原来的信息供求双方都变为需求方，科技服务组织本身则变成供应方，分别向两方提供各自的需求信息。这样既解决了技术信息供需方信息不对称的难题，又保证了技术的时效性，使新技术能够及时地转化为生产力，减少了由于时间而造成的相对折旧，提高了全社会资源的利用率。

3.2.3 国家创新系统理论

国家创新系统理论由克里斯托弗·弗里曼于1987年在其著作《技术政策与经济业绩：来自日本的经验》中明确提出，其理论支撑是熊彼特的创新理论。[①] 国家创新系统理论的微观学派是从系统的组成要素层面来探讨企业、大学及科研机构等创新主体之间的相互关系的。国家创新系统包含的要素有大学、研究开发部门、中介机构等与研究、发展密切相关的机构设置和制度安排；也包括所有影响学习、研究、创新的经济结构和经济制度。[②] 其研究成果表明，政府、产业界和学术界之间的有效沟通对整个创新系统功能和绩效的发挥具有正相关作用。[③]

科技服务行业的目标是实现科技创新要素的优化组合，在国家创新系统中具有承上启下的作用。政府是国家创新系统中的宏观调控子系统，大学、科研院所是基础性研究子系统，企业是科技产品开发子系统、技术创新的主体，也是社会物质产品的最终提供者。科技成果只有进入企业，才能转化为现实的生产力。科技服务组织在国家创新系统中作为协调者和中间人，以专业知识、专门技能为基础，按照市场规律的要求，通过整合科技资源，承担起为企业和大学、科研院所服务的职能。科技中介组织在帮助技术供需双方对接的过程中，使得在上游（即大学、科研院）所积累的大量科研成果顺利进入下游（企业），在实现上游经济和社会价值的同时，改善下游的运行质

---

① Christopher Freeman. *Technology Policy and Economic Performance: Lessons from Japan*. London: Pinter Publishers Limited, 1987.

② 韩振海，李国平. 国家创新系统理论的演变评述. 科学管理研究，2004（4）：24~26.

③ 曹洋，陈士俊，王雪平. 科技中介组织在国家创新系统中的功能定位及其运行机制研究. 科技政策与管理，2007（4）：19~24.

量和竞争力；又使下游的需求信息及时通过科技服务组织反馈到上游部门，促进了创新系统内各参与主体的良性互动，既能对系统中的薄弱环节提供补偿，又能整合资源、挖掘创新潜力，实现整体利益最大化。

3.3 国内外科技服务业理论研究现状评述

从目前国内外科技服务业领域的研究情况来看，还没有学者把科技服务业作为一个完整的产业进行系统的研究。国外相关研究成果主要集中在第三产业、服务业和知识服务业上。其中，第三产业理论比较深入、系统。服务经济学是以经济学理论为基础、运用统计学方法对服务业的研究，而服务科学理论尚处于初始阶段。对科技服务业的研究主要是运用经济学理论和创新理论解释科技服务业存在的必要性及其在经济社会发展中的功能，但尚未涉及科技服务业本身的运行发展规律。国内相关研究成果主要针对科技服务业的定义、种类、功能、产业特征、对经济的影响和发展环境与制度约束。对知识服务业和科技服务业的一项重要组成即科技中介服务研究得比较多，且集中在存在问题及政策建议上，也没有形成科技服务产业发展规律的理论构架。此外，国内外对科技服务业微观层面的研究相对多一些，而对科技服务业的宏观层面和中观层面的系统研究明显不足。

第二章　广东省科技服务业发展现状

1　总体状况

研发服务业的创新能力不断增强。公共科技创新平台和公共科技服务平台提升区域自主创新能力作用显著；与科技部、教育部、中科院的产学研合作及共建科研机构取得新进展；国家、省级工程中心建设持续健康发展。

技术传播转移推广服务业有了长足的进步。科技创业孵化体系的功能和效益不断提升；专业镇的快速发展成为推动科技服务业发展的重要力量；涌现出华南理工大学工业技术研究总院、佛山市华南精密制造技术研究开发院、深圳先进技术研究院工程中心、深圳市南方国际技术交易市场有限公司、深圳国际高新技术产权交易所股份有限公司等一批优秀的技术转移机构；生产力促进中心的综合服务能力不断增强。

科技情报信息服务能力和水平不断提高。科技信息采集、加工、传播，科技咨询，科技情报研究以及科技普及与科技出版等，都取得了一定的成绩。知识产权服务体系建设不断完善。知识产权服务机构进一步拓展服务领域，服务功能呈综合化发展趋势，创新服务手段，促进区域产业和经济发展的作用凸现。科技金融投资服务有所推进。创投、担保、租赁等科技融资服务不断拓展，逐步建立和完善业务运行服务体系。

专业技术服务成为新的增长点。软件开发、创意设计、测试技术和分析技术服务以及综合性技术服务等，成为推进广东省科技服务业发展的新的增长点。新兴科技服务业，如 DNA 检测、纳米应用等科技含量高的科技服务应运而生。科技服务社会民生效果显著。清洁生产、公共事件应急技术研发、可持续发展实验区等的建设取得较好成效；广东省农村信息直通车工程、农业星火产业带的建设取得新进展。区域科技服务合作取得新突破。科技服务业成为近年来香港企业在粤投资的热点领域，广东省国际科技合作基地建设进展迅速。

统计数据显示，2007 年广东省科技服务业企业总数为 15 526 个，内资企业为 14 463 个，其中国有企业为 3 108 个。外商直接投资项目 979 个，实际利用外资 29 735 万美元，港澳台投资企业 631 家，而 2006 年仅为 368 家，呈现快速增长态势。城镇单位从业人员劳动报酬 72. 71 亿元，其中国有企业劳动报酬总额为 45. 57 亿元。年末从业人员总数是 24. 93 万人，处于前三位的是广州、深圳和佛山，分别是 5. 54 万人、3. 66 万人和 0. 48 万人。从业人员增长迅猛，产业规模迅速扩大，GDP 增长速度远远高于各行业的平均增长速度。在固定资产投资方面，地质勘探服务业、研究与试验发展服务业和专业技术服务业的新增固定资产同上年相比都有了不同程度的下降，而科技交流推广服务业新增固定资产的增长幅度非常大。

2008 年，全省经科技行政部门认定登记的技术合同项目有 16 168 项，合同成交金额达 184. 77 亿元，较上年增长了 39%；中国（华南）国际技术产权交易中心完成交易额 410. 03 亿元，涉及总资产金额 2 144. 08 亿元；省内 5 家机构获批准成为第一批国家技术转移示范机构；全省获 30 项国家科学技术奖励，取得大批自主技术，经济社会效益显著；全省科技信息、技术评估、知识产权、生产力促进机构等持续健康发展。

广东省科技服务业的特点是，科技服务机构数量增长较快，功能和服务种类日益多样化，已经形成一些规范科技服务业发展的政策法规，但不够完善。已经出现了一些新兴科技服务机构，但还不具备产业规模。在设计、检测、制造业产业发展战略联盟等领域已出现良好的发展势头。从总体上看，广东省科技服务业发展水平滞后于科技发展和经济发展的需要。

表 2-1　2006—2007 年广东省科技服务业发展概况

指标	2006 年	2007 年	同比增长（%）
企业（个）	13 664	15 526	13.63
年末从业人员（万人）	17.66	24.93	41.17
GDP（亿元）	222.14	256.95	15.67
劳动者报酬（亿元）	124.28	150.93	21.44
营业盈余（亿元）	60.67	65.92	8.65

注：2003 年起年末从业人员采用新的报表制度和行业分组进行统计

表 2-2　2006—2007 年广东省科技服务业基本建设主要指标

指标	投资额（亿元）		施工项目个数（个）		全部建成投产项目个数（个）		新增固定资产（亿元）	
	2006 年	2007 年	2006 年	2007 年	2006 年	2007 年	2006 年	2007 年
合计	18.91	21.73	106	95	35	38	11.17	13.41
研究与试验发展服务业	4.8	6.32	39	38	12	15	5.38	3.36
专业技术服务业	4.64	5.33	42	36	12	14	4.04	2.61
科技交流推广服务业	8.98	9.81	17	18	5	7	1.07	7.23
地质勘探服务业	0.49	0.27	8	3	6	2	0.68	0.21

资料来源：《广东统计年鉴 2008》

为了考察广东省科技服务业在全国范围内的服务能力水平，我们设定科技服务业指标、全社会科技活动指标和科技服务业发展外部环境指标三项一级指标，结合二级指标建立了科技服务业服务能力评价指标体系，如表 2-3 所示。[①]

---

① 陈岩峰，于文静．基于因子分析法的广东科技服务业服务能力分析．科技管理研究，2009（9）：4～7.

表 2－3　科技服务业服务能力评价指标体系

一级指标	二级指标
科技服务业指标	科技服务业法人单位数（X1）
	科技服务业城镇单位就业人员数（X2）
	科技服务业城镇单位专业技术人员数（X3）
	科技服务业城镇单位就业人员平均劳动报酬（X4）
	科技服务业全社会固定资产投资额（X5）
全社会科技活动指标	人均研究与试验发展（R&D）经费支出（X6）
	政府科技拨款占财政预算支出比重（X7）
	每万人口中科技活动人员数量（X8）
	三种专利申请受理数（X9）
	三种专利授权数（X10）
	国外主要检索工具收录我国科技论文数（X11）
	教育经费（X12）
	高等学校在校学生数量（X13）
	大专以上学历人员占就业人口总数比重（X14）
科技服务业发展外部环境指标	人均 GDP（X15）
	城镇人口所占比重（X16）
	居民消费水平（X17）
	外商直接投资占 GDP 比重（X18）
	进出口总额占 GDP 比重（X19）
	互联网普及率（X20）
	移动电话用户（X21）
	每万人拥有公共交通车辆（X22）
	人均城市道路面积（X23）

以科学研究、技术服务和地质勘查业的行业统计数据为依据，运用因子分析法对全国31个省区市科技服务业的服务能力进行了分析。数据主要来源于《中国统计年鉴2008》、《中国科技统计年鉴2008》、《中国第三产业统

计年鉴2008》、《中国劳动统计年鉴2008》和《中国商务年鉴2008》等统计资料。分析结果见图2－1。因子综合得分显示，广东省科技服务业的服务能力居全国各省区市的第三位，仅次于北京和上海，明显高于东部大部分省市和中西部地区。

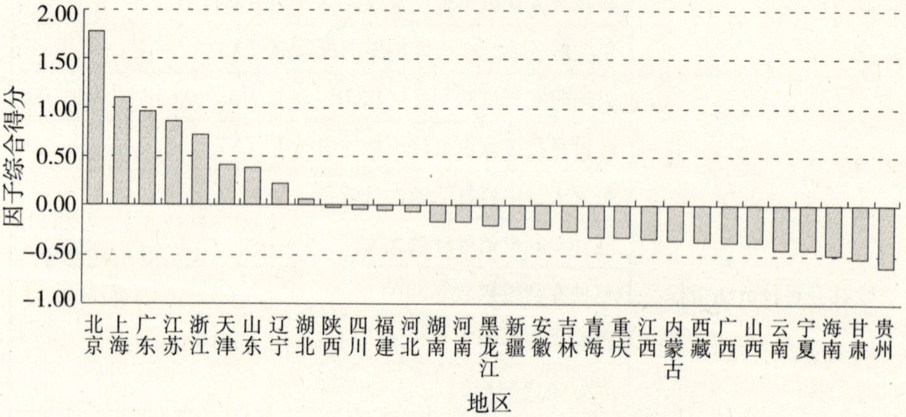

图2－1　各省区市科技服务业服务能力综合评价情况

从科技服务业指标来看，广东省科技服务业虽已初具规模，但经济效益仍不够理想，接受的投资也还不足以满足其发展的需要，科技服务业的发展不能为广东省发展高端服务业、高端制造业的目标提供相应的科技服务。这一点应该得到广东省政府及全社会的重视，在现代服务业的发展中应充分重视科技服务业的发展。

从全社会科技活动指标来看，广东省在该因子上的得分居全国第一位，这与其在三种专利申请受理数和三种专利授权数方面远远超过其他省区市、教育经费投入居全国第一位和高等院校在校学生数量在全国名列前茅有着密切的关系，再加上当地政府及企业比较重视科研投入，在人均研究与试验发展（R&D）经费支出和政府科技拨款占财政预算支出比重方面位居全国前列，这些都反映出广东省在科技实力和教育水平方面具备较强的竞争力，而这些优势又为科技服务业创新能力的提高提供了技术基础和人才储备。

从科技服务业发展外部环境指标来看，广东省在科技服务业发展的外部环境方面具备发展优势，这很大程度上是因为广东省经济发展水平较高，居民收入水平也高，消费能力强，科技服务业的市场需求比较广阔；而且广东省的城市化水平高，对外开放水平也远远高于其他省区市，信息化程度也较高，这些都为科技服务业的发展提供了适宜的条件。但是，不利的条件也非常明显：广东省在每万人拥有公共交通车辆和人均城市道路面积这两个反映科技服务业发展的外部环境指标上低于其他地区的平均水平，甚至远远低于西藏、青海、新疆等西部省区，公共交通设施水平制约了科技服务业的发展。广东省的人口较多是导致人均交通设施状况相对不佳的重要原因之一。

2　2009年广东省科技服务业摸底调查情况

科技服务业是现代产业体系的重要组成部分，是广东省现代服务业未来的发展重点，是加强区域创新体系建设、提高自主创新能力的关键路径。为了加快广东省科技服务业发展，省科技厅已经对全省科技服务业进行了摸底调查和典型机构调查。科技厅成果处和广东省科技厅统计中心负责摸底调研工作。调查时点为2008年12月31日，调查时期为2008年1月1日—2008年12月31日，2009年3月底已完成了调查。

表2-4　2008年广东省各市科技服务机构数量

所属市	个数	所属市	个数	所属市	个数
广州市	926	东莞市	130	揭阳市	70
深圳市	590	梅州市	111	河源市	65
佛山市	286	肇庆市	104	韶关市	62
中山市	242	惠州市	101	茂名市	48
湛江市	209	珠海市	96	阳江市	39

（续上表）

所属市	个数	所属市	个数	所属市	个数
江门市	155	清远市	94	潮州市	37
云浮市	135	汕头市	76	汕尾市	6

表 2－5　2008 年广东省科技服务机构按单位性质分类情况

单位性质	企业	事业单位	政府机构	民间社团或组织	其他	非独立机构	其他未选
个数（个）	1 176	1 103	108	388	277	241	289
结构（%）	32	31	3	11	8	7	8

本次摸底调查共统计了 3 582 家科技服务机构，其中科学研究与技术开发类机构 1 618 个，占 45%；科技成果推广类机构 776 个，占 22%；其他科技服务类机构 990 个，占 28%；还有其他未选企业 198 家，占 6%。广东省拥有服务机构数排名前 5 位的城市依次是：广州、深圳、佛山、中山和湛江，5 个城市服务机构数之和占摸底总数的 62.9%。科技服务业在一定程度上代表着一个地区的经济发展水平和竞争实力，经济比较发达的区域如珠三角地区科技服务机构比较密集，而经济较落后的区域科技服务机构则比较少。摸底调查的机构中，企业数占总数的 32%，事业单位与政府机构合计数占总数的 34%。政府主导的科技服务机构仍然占较大比重，近年来，企业性质的科技服务机构所占比例大幅上升。

2.1　科学研究与技术开发类机构

科学研究与技术开发类机构是广东省科技服务业中最重要的组成部分，这些机构有一定的发展历程，有些还是国家级或省级研究院。首先，有些研究院是行业巨头，以 2005 年、2006 年为分水岭，机构的规模、发展速度、档次和技术水平都有了不同程度的提高。其次，研发服务链条越来越长，形成比较明显的行业科技服务产业链。行业性服务的科技手段主要体现在服务手段的信息化，机器设备的高级化和测试、检验方法的国际化上。通过这些科技服务，使服务链条延长，生产性服务中的渗透性加强。企业一般只需专注单纯的制造部分，而将生产的前端和后端，即研发和销售都转移出去。再次，科学研究与技术开发机构呈现出政府与市场相结合的营运模式。研发机构的政府行为比较强烈，表现为资金的项目式投入，政府通过这种投入获得公共科技的社会收益，越政府、越公共，其营运模式基本上是市场化（项目式）操作。但机构仅靠政府资金远远不够，寻找市场赢利成了机构的主要目的。但市场性与公共性的科技服务活动有时是相悖的，这样政府与市场相结合的模式已成为当今机构的主流，市场效益明显大于公共效益。

2.2　科技成果推广类机构

随着信息科技的深入，信息化手段的普及和高级化使机构的服务手段日趋科技化。提供的科技服务大多可通过平台或网络实现。科技成果推广类机构，即使是事业编制，也基本采取企业化运作。这些事业单位实际上是没有任何政府资金投入的，机构通过申请政府课题项目获得经费，因此要维持并发展自己的业务，在一定程度上是比较难的。了解中发现，这些机构承担了一部分政府或其他性质的公共性科技事项。与深圳相比，广州市政府在科技服务机构的资金投入上是比较谨慎的，因此这些机构普遍反映出资金短缺的问题。

相比于科学研究与技术开发类机构，科技成果推广类机构由于技术专属性不强，市场性突出表现为业务范围广、业务量小，因此竞争性相对要大。这主要是由于存在众多机构，而且又多为企业形式，竞争压力大，服务对象的要求越来越高，没有雄厚的技术力量难以满足客户要求。

2.3　其他科技服务类机构

这类机构本身是市场化的产物，其生存的空间和压力也相对更大，除个别的事业单位和民间团体有一定的政府支持以外，它们完全依赖市场。这样也就使它们表现出市场化行为比较明显的特征：讲求经济效益，非社会效益；主业不够突出，什么赚钱做什么；变化大，不稳定等。不像一般机构，这类从事技术服务的机构，由于各自从事的业务千差万别，且技术具外溢性，设备、人员具高成本性，因而其营运成本比一般企业要高。不管它们愿意与否，它们常在不经意中参与了公共科技，它们也十分愿意与政府取得一定的联系。从政府获得优惠是这些机构生存的保证和前提，谁与政府关系紧密，谁获得的项目就会多，得到的支持也会大，生存的空间也就越大。但与大机构、行业巨头比，很显然，它们只能在市场夹缝中生存。

总之，在市场化道路下，科技服务机构基本上是以经济效益为主，但技术的特征注定它们与公共性有不可脱离的关系，所有机构几乎都需要政府的支持，可以说，政府支持的多少是它们发展好坏、快慢的决定性因素。

3 广东省新兴科技服务业典型机构分析

3.1 与国家级科研院所共建开放式研发机构

从调研中，可以大致看到广东省发展科技服务业方面的一些可行的途径。国务院各部门驻粤科研机构，如中国赛宝实验室、中国水产科学研究院南海环境科学研究所、中国热带农业科学院农产品加工研究所等科技服务能力比较强。目前，可以根据广东省经济发展的总体目标和科技发展规划的需求，结合国家级科研院所的发展要求，努力促进这批科研机构围绕广东省产业升级的发展战略创建具有创新特色的国家级研发机构。

近年来，广东省政府、广州市及深圳市政府与中科院、高校合作，共同支持了若干重大科研机构的发展，使广东省的研发力量大大增强。如设在广州市的生物医药与健康研究院、设在深圳市的中国科学院深圳先进技术研究院等，以新技术创造了新兴的科技服务，即实现科技服务化，是创新发展国家级科技研发机构的典型案例。

中国科学院和深圳市政府于2006年在深圳市共同建立中国科学院深圳先进技术研究院。先进技术院由集成技术研究所、生物医学与健康工程研究所、先进计算与数字工程研究所、开放技术平台、工程中心、行政管理部门等部分组成。先进技术院在科研管理、人力资源管理等方面表现出开放性和创新性的特点，极大地推动了地方科技创新的发展。

在科研管理方面，先进技术院按照科研活动形式设置由研究（集成所、医工所、数字所）、设备和科技支撑（开放技术平台）以及产业化（工程中心）三部分组成的科研管理体系，将知识生产过程进行类工业化的管理，在全院范围内对资金、设备、人力进行优化调度和配置，提高了科研效率。

在资源配置方面，由首席科学家汇同国内外著名学者确定学科方向，由一线科研人员汇同工程中心市场人员确定课题。先进技术院利用身处特区和与香港中文大学共建的优势，在启动组建和共建方面向国际同行看齐，集中提供50%左右的经费。围绕先进技术院的科研工作和工程中心的工业发展两个重心，实施“橡皮筋管理战略”。当科研工作过多强调应用基础研究时，倾斜对工业发展的支持力度；当工程中心过度强调工程实践时，则加大对科研的前瞻性投入；在不断调整中实现资源合理配置，促进科研和工业协同发展。

在人才管理方面，构建人才发展的良好环境，在人员考核与激励等制度方面进行创新，形成人员奖励、晋升的长效机制，在全球范围内吸引和聚集高水平人才，打造和构建一流的研究、工程、管理和产业化专才体系。从国际著名大学聘请AF教授任首席科学家，配置“百人计划”水平的全职学者担任其副手成立研究中心。给予青年科研人员主持项目的机会，实现人才快速成长。构建人才流动机制，保证固定与流动人员比例为1∶1。逐步构建精细透明的职称晋升体系，形成“AF+百人计划+青年团队”的队伍模式，确保具有博士学位的人员一半以上为海归人员，通过国际合作快速提升先进技术院的学术水平和地位。

3.2 创新发展设计服务业

鼓励人、技术与文化艺术的融合，发展广东省设计服务业。设计服务业是随着专业化分工程度不断深化，逐渐从制造业中分离出来而形成的产业业态，是源于个人创造力，充分利用自然、工程、社会及人文科学等专业知识或技能，进行各种设计活动的产业，包含产品设计、平面设计、流行时尚设计、包装设计、建筑环境设计、工程设计、工艺美术设计、广告设计等。广东省作为国内的第一经济大省，具有良好的设计服务业发展的产业基础和丰富的人才、科技信息、市场等资源。深圳市被联合国相关机构认定为创新发展设计服务业的“设计之都”。

深圳市已拥有工业、平面、建筑、服装、软件等设计企业 6 000 多家、设计师 6 万余人。2007 年，深圳市文化产业增加值达 460 亿元，占该市 GDP 的 6.88%；工业设计占据了中国近一半的市场份额。其环境设计、建筑设计、工程设计、工业设计等已经形成相当规模的产业。政府加强了产业公共平台建设，以提高设计效率，如在“田面设计之都创意产业园”为创意设计企业设立了交易、金融、知识产权、培训认证、技术、品牌六大增值服务平台。深圳市设计服务业不断发展，产学研结合，开辟国际化道路，产生了品牌企业，如浪尖、嘉兰图等设计企业不仅为国内品牌，还为松下、阿尔卡特、摩托罗拉等国际品牌实施产品外观设计；在应用方面，飞亚达公司凭“航天表”新设计成为国际钟表明星，“水贝珠宝一条街”靠流行设计年产值逾 800 亿元。

3.3 推动研发型企业的创新发展

界定研发型企业的标准。以大专以上学历员工占职工总数的 50% 以上、研究人员占从业人员的 40% ~50%、研发支出占总收入的 10% 等为标准确立研发型企业资格，大力支持研发型企业的创新发展。支持研发型企业建设研发机构，依托大型研发型企业，以产业发展重大科技为目标，建设若干家研发型企业的重大研发机构以引导行业的原始创新。主要围绕电子信息、新材料、生物医药、环境友好及健康服务等高新技术领域开展研发活动。积极引导省外，尤其是外资研发型机构落户广东，通过广东省本土研发型机构和外方研发型机构在人才培养、项目开发、技术转移等方面的合作，发挥研发型企业的技术外溢性，促进广东产业升级。

推动制造与服务的一体化。广东省一批大型制造企业不断延长高端服务价值链，既提供产品，又提供服务，在一定程度上实现了制造企业服务化发展。如华为的研究人员占职工总数的48%，知识产品之一——专利的授权量已居世界第一位，有理由认为华为就是研发型企业。格力电器为了确保技术领先的行业地位，也不断地加大科研投入，现已建成全球最大、最先进的制冷技术研发中心，拥有270多个实验室，其环境实验室能够模拟各种气象环境，已具备美国UL认证、德国莱因认证等60多个国家和地区的技术认证资格，产品已进入国际市场。格力电器已拥有制冷技术研究院、家用空调技术部、商用空调技术部、实验中心、标准管理部、科技管理部等研发机构，建立了一整套系统、先进的研发体系。同时，格力电器已经拥有990多项专利，其中发明专利120多项，掌握了超低温制冷、智能化霜、磁悬浮离心机、恒温恒湿节能空调、商用数码变频多联机等十多项世界领先技术。格力电器可以界定为研发型企业，在行业发展中起到了带动作用。

3.4　构建服务于制造业的科技服务支撑体系

东莞市的产业多为外源性，制造业本身缺乏科技服务能力，在这种情况下，支持发展社会性的制造业科技服务业支撑体系颇有价值。制造业的产业技术联盟从事技术开发、设计、研制业务，以拓展制造企业的技术来源。技术联盟实体可对前沿知识进行探索，帮助企业确立正确的技术发展方向，降低企业技术创新的风险与成本，增加企业技术创新的收益，对制造行业发展的重大难题和关键技术进行联合攻关，有利于推动大型制造企业成为自主创新的主体，发挥龙头企业的导向及引领作用，培育产业集群主体，促进创新型广东的发展。

东莞市因制造业发达，以世界加工基地而著称，但尚未形成具有核心竞争力的产业，尤其在自主技术和自有品牌上处于落后地位。因此，建设为制造业提供服务的科技服务组织支撑转型升级尤其重要。东莞市质监局发展产品质量检测基地建设，以东莞制造业优势为依托，发挥质检机构对企业和产业发展的技术支撑和保障作用，扶持企业创名牌。将检测基地的 2 个纸制品、信息设备国家检测中心和 11 个省级检验站建设成具有国内或国际先进水平的质检中心，同时加强与国内外权威检验机构的交流，开展国际互认与合作，从而促进名牌企业提高产品国际竞争力和扩大出口。鼓励重点骨干企业积极参与国家标准和行业标准的制定和修订工作，对技术指标先进的企业标准积极予以推荐升格为行业标准或国家标准，鼓励名牌企业积极开展质量赶超、质量改进和质量攻关活动，不断提高质量水平。这些举措促进了制造业水平的提升，极大地带动了本行业和配套行业的健康发展，促进了制造行业不断发展壮大。

针对东莞市产业结构调整和经济转型升级的迫切需求，质监局以检测技术服务为突破口，努力提高基地产品研发设计、质量验证、技术培训、信息咨询、标准体系建立等技术服务能力，并通过多种举措积极为企业提供技术服务，确保企业能够转型升级。一方面，积极开展标准化推广活动，规范相关行业技术要求，使企业特别是大型企业充分认识到抢占市场竞争制高点的重要性；与科研平台加强合作，共同组建东莞产业支援联盟，帮助企业有效提高自主创新能力，增强企业核心竞争力。另一方面，借助纸制品、信息设备国家检测中心的优势，提供权威的质量验证服务，积极为提升东莞制造业竞争力、突破国外技术贸易壁垒提供技术支持。

3.5 发展外包型科技服务业

随着科技日益进步，劳动分工日益细化，企业追求风险平均化。在对外贸易中，许多跨国公司并不把产业链的全部或重要部分放在母国，而是把产业链的部分甚至重要部分放在具有比较优势的东道国，这就是所谓的境外外包。目前，中国是制造业外包的主要东道国，广东省是制造业低端外包的重要“东道区域”。制造业中高端外包、知识密集型服务业外包正在发展中。研发与技术服务外包可能成为广东省产业发展与调整的一个契机。还有一种外包是境内外包，即境内企业把研发及技术服务外包给境内的研发企业与研发组织。上述两种外包采取的基本形式是合同研究组织（Contract Research Organization，CRO）形式。

广州市普度医药科技有限公司总部设在广州生物工程中心，实验中心位于暨南大学生命与健康工程研究院，主要开展医药新产品的研究开发、新药临床研究、技术转让、药品注册咨询全程服务。目前，华南地区综合实力极强的合同研究组织——药物合同研究组织，在全国 CRO 行业中排名第 26 位。公司长期从事各类药物临床研究，拥有多名高级临床研究专业技术人员，具有丰富的实践经验，通晓政府有关药品的管理法规和实施细则，了解药品临床试验的国际惯例和指导原则，按国际化标准操作程序组织实施临床试验，已建立质量保证体系，临床试验全过程实施质量控制。公司以中山大学、暨南大学、西安交通大学为依托，与国内 60 多家临床药理基地建立起长期合作关系，已开展 CRO 业务 70 余项，涉及中西药多种学科，包括新药Ⅰ、Ⅱ、Ⅲ、Ⅳ期临床研究、中药品种保护临床验证、药代动力学与生物等效性研究、药理毒理学研究、制剂安全性试验等。

3.6 促进部分工程中心转型

广东省近二十年发展起来的 300 多个国家级、省级工程中心，是一支巨大的科技服务队伍。其中一批以企业为依托的广东省的工程中心在广东省经济发展的过程中起到相当大的促进作用，但未来的工程中心应进入新的调整发展阶段。可以有三种选择，第一种选择是依托企业的部分工程中心，在一定条件下向独立法人转化。目前广东省的一些实力雄厚的工程技术中心仍然处于主要为所在企业服务的状态，也有少数的工程中心扩展了服务面，逐步成为能担当行业技术服务的机构。如何引导和鼓励一批实力雄厚的工程技术中心向面向行业的具有公共服务性质的机构转型并成为法人企业，是应得到政府及社会的高度重视的。如再生资源综合利用、新材料发展、OLED 技术、无线射频技术、精密压铸技术等，具有较强的公共性，应尽快从所依托的企业中分离出来。第二种选择是以强化科技资源集成、行业关键技术支撑、为产业技术进步提供整体解决方案为目标的工程中心应依托科研院所和高等院校建设几个重点工程中心。第三种选择是产学研结合或行业内企业共同投资建设。转型的工程中心可以从希望获得关键技术支持的企业获取项目研发经费，也可以通过成熟技术的推广应用获得服务收入，通过承担国家、地方和大型企业的科技项目和产业化示范项目获得资金，或者是引入风险投资资金。

3.7 创新服务方式，发展知识产权服务业

创新知识产权服务机构的服务模式，开拓多元化服务功能，以满足企业需求为目标，为企业提供知识产权战略咨询服务、企业专利技术策略咨询服务、产品开发技术专利性咨询服务等新兴知识产权法律咨询服务，服务于创新型广东建设。作为非完全市场化的行业，政府要注重构建企业知识产权管理和评价体系，培养高端职业人员，包括企业专利管理师、专利分析师、专利评估师、专利经纪人和专利代理人等；同时发展专利服务业，包括专利代理机构、专利评估机构、专利法律咨询机构和专利中介服务机构。

知识产权服务机构服务于企业技术创新，其本身也需要不断进行服务创新。针对特定客户企业的具体问题，如法律、组织、战略或者技术等提供特定的解决方案，而这种解决方案并不意味着适用于其他客户企业。知识产权服务机构在解决新领域内的问题时，应对新兴知识领域的知识投入的积累所形成的知识的新领域进行创新，比如对专利代理机构业务流程管理技术进行研发等。知识产权服务机构对其提供的服务赋予某种新的形式。对不同行业、不同规模的企业，在其所处产业价值链的不同阶段，知识产权服务机构

服务的内容和手段都应该有所不同。

东莞市华南专利商标事务所开辟政府科技项目服务业务，配合企业进行科技项目、专利培育企业、专利试点企业以及中小企业技术创新基金等政府资助的各种项目的申报，在全国同行中率先推行 ISO9001：2000 质量认证体系，全面提升管理服务水平。深圳市顺天达专利商标代理有限公司以涉外业务为主，已经代理过万件专利申请，包括数百件 PCT 专利及向美、日、韩等国家提出申请；代理过万件商标申请，包括马德里注册及多个国家申请。公司多位代理人同时拥有律师资格，除了申请注册程序外，还可以在授权之外许可使用、权利转让、权属纠纷、侵权纠纷等方面为客户提供全面法律服务。广州粤高专利代理有限公司坚持走高端服务的路线，把其擅长的知识产权诉讼和知识产权战略策划思想贯彻于代理申请注册之中，为维权打下基础，不仅同客户保持良好合作关系，还在合作中逐步增强企业知识产权保护意识，让企业认识到技术创新、技术保护的重要性，促进了新技术的发展。

3.8　发展数字内容科技服务业

数字内容产业是在互联网技术充分发展以及互联网与广电技术融合后兴起的，它是一个以创意为核心、以数字化为主要表现形式的新型产业群。具体来讲，它是指将图像、文字、影像、语音和数据等内容，运用数字化高新技术手段和信息技术进行整合运用的产品和服务。范围覆盖了游戏业（特别是网络游戏）、动漫、数字音频和视频信息服务、数字出版、移动通信内容服务、数字教育和数字图书馆、数字远程医疗和健康服务等领域。广东省在数字出版和数字娱乐业方面已经取得了一定成就。而数字内容科技服务业能否在短期内得到快速发展是广东省产业升级能否顺利实现的一个关键因素。

中山数字娱乐产业发展有限公司是调研中典型的在数字内容服务业中比较成功的企业。它是在数字娱乐行业内处于领先地位的国际化高科技企业，公司总部设在广东中山，在北京设有研究院，在韩国首尔、日本东京、澳大利亚墨尔本、美国旧金山都设有营销办事处。中山数字娱乐产业发展有限公司拥有庞大、专业的网页游戏开发和运营团队，并拥有自己的游戏运营 IDC 和 Call Center，是国内规模最大的网页游戏运营商及开发商。

中山数字娱乐产业发展有限公司不但在国际化方面发展顺利，而且能够开创性地将网上数字娱乐内容与现实产业开发相结合，将数字娱乐技术与互联网电子商务模式相结合，向体验式电子商务、新一代数字娱乐终端开发、新一代数字娱乐产业园区开发等相关领域进行业务拓展，正努力建设具有世界影响力的梦幻数字娱乐新世界。

3.9 发展检测服务业

广东省是拥有中国实验室国家认可委员会认可实验室最多的省份，测试分析除少数情况需要由政府控制外，绝大部分应当放开，由民间具有资质的第三方组织或企业来经营。

广州分析测试中心成功地从一个全民所有制的事业法人单位逐渐转变为企业化运作的科技服务机构，在同国外大型分析测试企业争夺市场的同时，积累了本地化的经营经验。中心加强了对市场的了解，结合自身优势，确定了合理的发展方向，如未知物剖析、建筑环境检测、光触媒效能检测、新生儿代谢障碍检测、油品检测和油液诊断等。由此可见，在高端市场的开发中，广东已形成了自己独特的优势。

广州威凯检测技术研究所目前拥有大家电检测部、小家电检测部、玩具和材料及环境检测部、机电产品检测部、照明产品及电池检测部、电气附件检测部、信息电子产品与 EMC 检测部和机动车零部件检测部 8 个检测部共 18 个实验室，2007 年收入已过亿元。威凯是以检测认证为主，同时拓展计量校准、体系论证、标准服务、行业研究及培训领域的第三方综合技术服务机构，是目前国内实力雄厚的电子电气类产品检测实验室之一。威凯的服务模式是“一次测试，多张证书”的一站式服务。以服务专家和技术专家的身份面对客户，充分开拓国际市场，积极获得国际认证，建立了具有公信力的检测服务品牌。威凯的检测报告可获得世界上近 50 个国家的认可机构的认可，是国际上获得 CB 认可标准数量最多的试验室之一。

汕头市在实行国家电动汽车试验区项目中，建立了电动汽车专用的测试检测实验室，只要加强检测服务力量，补充建设若干试验设施，即可以形成面向电动汽车（包括混合动力汽车）的检测中心。

3.10　建设公共科技服务平台

根据行业和技术领域的需要，依托具有研发资源或服务实力的机构，采用政府启动、企业参与、市场化运作、专业化服务的模式，以广东省支柱产业和新兴现代服务业如信息技术服务业、生物医药技术服务业、新材料技术服务业、光机电一体化技术服务业、资源与环境保护技术服务业、新能源与高效节能技术服务业等为核心，建设一批公共科技服务平台。重点进行核心技术、共性技术的攻关研究与专业技术服务，为产业优化升级提供技术支持。

东莞市华中科技大学制造工程研究院是华中科技大学与东莞市政府联合共建的制造业科技创新公共服务平台。该平台依托华中科技大学在制造学科的人才、科技、信息等优势，立足东莞，面向广东制造领域企业，提供技术研发、产业孵化以及人才培养等服务。佛山市华南精密制造技术研究开发院由广东省科技厅、佛山市人民政府、禅城区人民政府共同组建，主要从事精密制造应用技术研究开发、成果转化和产业孵化。华南精密制造技术研究开发院联合中国科学院、国内各大知名院校和企业共同组建了精密制造产学研战略联盟。

4　国际科技服务业发展特点

从世界范围看，科技服务业的发展已经有一百多年的历史，时至今日，发达国家和发展中国家的发展水平差距已非常大。OECD 根据国际产业分类标准（第三版）统计了世界部分国家科技服务企业相关数据，包括 OECD 的成员国和非 OECD 国家。由于有些国家没有相应的信息或信息不全面，我们对 18 个国家与地区科技服务业的关键指标进行了整理和测算，以粗略地描述国际科技服务业的发展现状。

4.1 科技服务业研发支出高速增长

表 2-6 中的 18 个国家和地区的科技服务业研发支出平均增长速度为 19.75%，其中，罗马尼亚、匈牙利、挪威、韩国和希腊增速占据前 5 位。在可考察国家里，没有任何一个国家在近 10 年中科技服务业的研发支出的平均增长速度是负值的。从绝对值上看，美国的科技服务业研发支出占 70%，而美国、日本和加拿大的总和超过了 90%。虽然一些发展中国家加大了投入力度，但发达国家增长平稳，仍然会在未来 5 年内处于绝对优势的地位。

表 2-6 各国家和地区科技服务业研发支出

单位：百万美元

年度 / 国家（地区）	1999	2000	2001	2002	2003	2004	2005	2006	2007	均增速（%）
澳大利亚	810.2	910.2	1 179.9	1 086.4	1 230.5	1 317.1	1 466.2	1 623.72		10.9
奥地利				929	1 020.6	1 114.9	1 218.5	1 328		9.3
加拿大	1 687.5	1 732	1 311.7	1 407.6	1 433.2	2 665.5	1 699.2	2 025		8.06
捷克	305.6	212.9	417.9	260	297.6	263	352.3	365.6	479.4	12.5
希腊	60.1	73.7	89.9	105.9	124.1	147.5	174.1			19.4
匈牙利	61.9	155.7	179.3	263.8	230.9	229.4	257.8	445		40.8
冰岛	34.7	59.2	79.5	79.2	58	53.3	59.3			13.5
意大利	1 324.9	1 490	15.1	1 832.6	743	1 596.2	511.4	1 849.7	1 627	9.9
日本			7 889	7 373.2	10 047.6	9 266.2	9 590.7			6.4
韩国	339.4	484.3	872	1 840	659.6	693.3	765.6	896		28.9
荷兰	477.3	680.5	786.3	780.7	762.6	775.1	839.1	1 091		13.6
挪威	420.2	452	496.2	575.1	569.2	552	641.6	709.3	874.2	34.0
葡萄牙	64.2	85.4	106.6	125.5	144.3	159.1	173.8			18.4

（续上表）

年度 国家（地区）	1999	2000	2001	2002	2003	2004	2005	2006	2007	均增速（%）
美国	29 739.76	35 265	41 196	43 433	43 129	39 508	42 817	48 319		7.6
罗马尼亚	1.3	1.2	2.5	4	15.6	10.4	16.1	46.8		94.2
新加坡	333.2	184.9	188.5	188.7	207	408.4	414.7	465.5		11.2
斯洛文尼亚	33.9	37.4	36.1	36.3	8.3	12.4	15.2	21.6		6.2
中国台湾	123.5	139.6	147.8	154.3	162.1	178.6	201.1	247.4		10.6

注：根据 OECD Stat Extracts 数据整理，下同

4.2　科技服务业从业人员结构稳定、近年增长较快、流动性大

通过对澳大利亚、比利时、捷克、芬兰、法国、德国、希腊、匈牙利、意大利、荷兰、挪威、斯洛伐克、西班牙、美国和英国 15 个国家从事科技服务业人员的统计分析发现，从 2000 年到 2006 年，7 年中科技服务业从业人员的结构保持不变，从事研究与发展服务业的人数占 2%，计算机相关服务活动人员占 11% ~12%，其他商业服务活动人员占 86% ~87%，结构非常稳定。总人数在 2003 年之前保持在 3 200 万至 3 300 万之间，2003 年之后则呈快速上升之势，到 2006 年接近 3 600 万人，且呈继续上升态势。

从世界从事科技活动的专业人才看，高端科技人才更具有流动性。在美国具有科学与工程博士学位且生于 OECD 国家的外国出生的科学家和工程师中，来自英国和加拿大的最多。在欧盟国家中，外国科技人力资源的比例为 3% ~3.5%。博士生的流动性带动了科技领域人力资源在世界范围内的流动。在瑞士、比利时、英国的博士生中，外国学生超过三分之一，在美国为 27%，在澳大利亚为 21%，在加拿大为 17%。美国有 8 万多名外国博士生。高学历人员在世界范围内的流动使得国际科技人力资源的流动性大大增强。

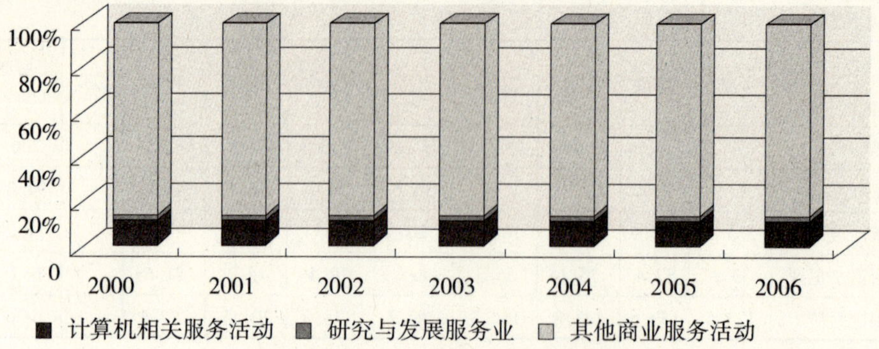

图 2-2　科技服务业从业人员结构

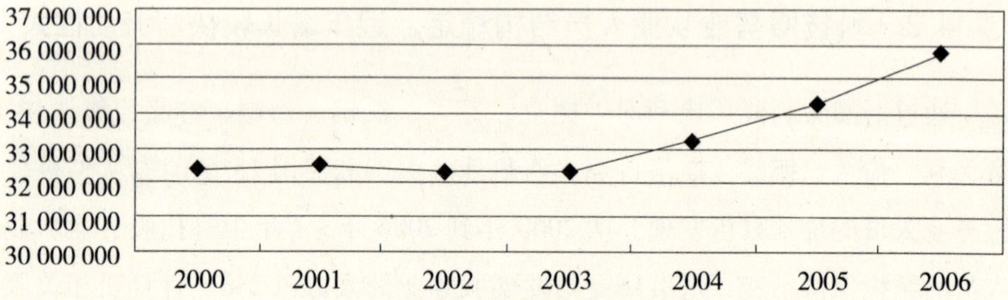

图 2-3　科技服务业从业人数

4.3　科技服务业产值偏低，分布不均

从可考察国家的科技服务业产值上看，发达国家毫无疑问地处于绝对领先地位，排名前 5 位的是美国、英国、日本、法国和德国，总产值占 80% 以上。绝大多数国家科技服务业的平均增长率高于 GDP 的平均增长率，如图 2-4 所示。但科技服务业对 GDP 的贡献率偏低，平均贡献度只有 0.356%，说明科技服务业在促进全社会创新发展中虽然发挥着非常重要的功能，但在产值上相对较低，这也是很多国家和地方政府不够重视科技服务业发展的原因之一。

表 2-7　2000—2007 年科技服务业产值

单位：百万美元

国家＼年度	2000	2001	2002	2003	2004	2005	2006	2007
奥地利	317.1	273.2	375.9	392.2	416.5	460.4	497.1	524.1
比利时	732.3	817	830.5	850.8	916.3	1 013.6	108.8	1 188.4
捷克	166.5	183.2	202	232.1	240.4	261.3	280.9	318.4
丹麦	287	317.3	336.9	328.3	353.8	393.8	422.2	451.7
芬兰	174.6	190.1	198	208	224.9	240.6	267.5	303.2
法国	4 183.9	11 600.7	4 718.2	4 806.6	5 039.2	5 333.5	5 676.8	
德国	4 146.3	4 390.8	4 404.8	4 472	4 506.6	4 816.7	5 089.5	
希腊	117.3	127	142.2	154.5	165	177.8	184.3	205.6
匈牙利	82.1	102.8	117.2	129.2	141	150.4	169.2	180.9
冰岛	16	6.1	6.3	6.9	7.8	9.3	11.4	14.7
意大利	2 265.1	2 478	2 650.4	2 758.9	2 879.7	2 970.4	3 093.9	
日本	5 401	5 555	5 466.4	5 452.8	5 522.9	5 678		
卢森堡	36.6	44.4	47.7	56.6	72.2	83.1	93.5	91
荷兰	1 134.5	1 241.9	1 220.2	1 199.2	1 239.9	1 319.6	1 443.9	1 580.8
挪威	254	277.6	272.1	270.4	295.4	333.3	387.1	
葡萄牙	189.8	197.6	201.8	209.9	223.6	239.7	246.3	
斯洛伐克	54.4	51.5	59.7	57.4	65.2	74.2	90.6	
西班牙	878.1	969	1 040.1	1 121.6	1 208.7	1 351.6		
瑞士	580.2	624.9	6 365.4	599.9	655.7	686.8	724.9	
瑞典	493.5	532.2	523.2	517.8	560.9	602.9		
英国	6 438.9	6 944.2	6 825.9	6 756.1	7 319.4	7 865.6		
美国	18 478	19 173.7	19 626.3	20 510.3	22 262.2	24 228	26 203	28 390

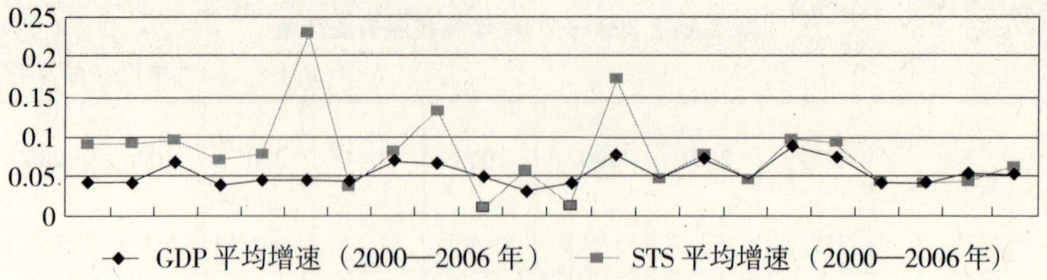

图 2-4　2000—2006 年科技服务业与 GDP 平均增长速度

注：该图根据表 2-7 中的 22 个国家的科技服务业产值和 GDP 平均增长速度绘制

4.4　科技服务业外包发展迅速

CRO（Contract Research Organization）称为合同研究组织，是通过事先确立的合同关系，委托某一机构、组织甚至个人来完成产品研究开发和市场营销策划这一系统工程中的一部分或全部的工作。在此过程中，接受委托的机构、组织或个人即被称为 CRO。

美国的 CRO 在全球 CRO 市场上占据了最大的市场份额，并拥有许多著名的公司，例如世界排名前列的昆泰（Quintiles）、科文斯（Covance）、PPD、ICON、PharmaKinetes 等，这些公司有着庞大的资源网络和良好的市场表现，约占了全球 CRO 市场份额的 30%。美国的 CRO 产业发展比较成熟，具有较完善的配套设施和管理团队，服务内容灵活多样，能够提供早期药物发现、临床前研究、各期临床试验、药物基因组学、信息学、政策法规咨询、生产和包装、推广、市场、产品发布和销售支持、药物经济学、商业咨询及药效追踪等一系列服务。

欧洲 CRO 的市场规模处于全球第二。近年来，受到欧洲市场药品价格控制的影响，制药公司研发新药的积极性不高，加上欧洲民众及动物保护团体对 CRO 公司使用动物试验极力反对，且欧盟各国医药法规不一，尚未进一步整合，致使 CRO 发展速度变缓，市场占有率有所下降。

日本的 CRO 市场正以每年 30% ~40% 的速度在成长。日本著名的 CRO 公司有 EPS（Ever Progress System）株式会社和 CMIC 株式会社。前 3 家龙头企业占日本 CRO 市场 50% 的份额。

全球咨询公司 Frost & Sullivan 公司的资深分析师 Ranjith Gopinathan 认为，中国的 CRO 行业将保持 18% 的年增长率。同时，IMS Health 公司新兴市场业务全球负责人 Mandy Chui 认为，中国的 CRO 行业总体来说还非常年轻并且非常零散，但是它们将很快就能达到国际标准，具有参与全球竞争的能力。

第三章　广东省科技服务业发展环境分析

在工业自主创新发展的实践活动中，由于全球化环境下的竞争不断加剧，政府的作用变得越来越重要，尤其是在中国这样的政府主导的市场经济环境中，科学技术的确是第一生产力，同时，也可以说，在一定条件下，政府是第一生产力。政府的作用具体体现为政策和规章的制定，并为产业创新发展营造一个适宜的生态环境。工业自主创新发展不是工业自身所能独立完成的，需要科技服务业的支撑，而科技服务业的发展不仅促进工业的发展，可以说，它为全社会的发展提供技术服务和支持，是建立现代产业体系的基础。广东省科技服务业的发展环境处于一种什么样的状态？本章将运用 PEST 模型和 SWOT 分析法对其进行详细评价。

1　广东省科技服务业发展外部环境分析

PEST 模型对一般宏观环境进行分析，可以客观地分析一个行业或企业所处的外部环境，强调对分析对象产生影响的关键因素，用以认清当前面临的发展形势，识别当前的机遇和威胁。科技服务业是一种高科技含量的知识密集型服务业，教育对科技服务业的发展起到了关键性的支撑作用，基于此，在传统 PEST 分析的基础上，增加教育一项作为影响科技服务业发展的重要因素。

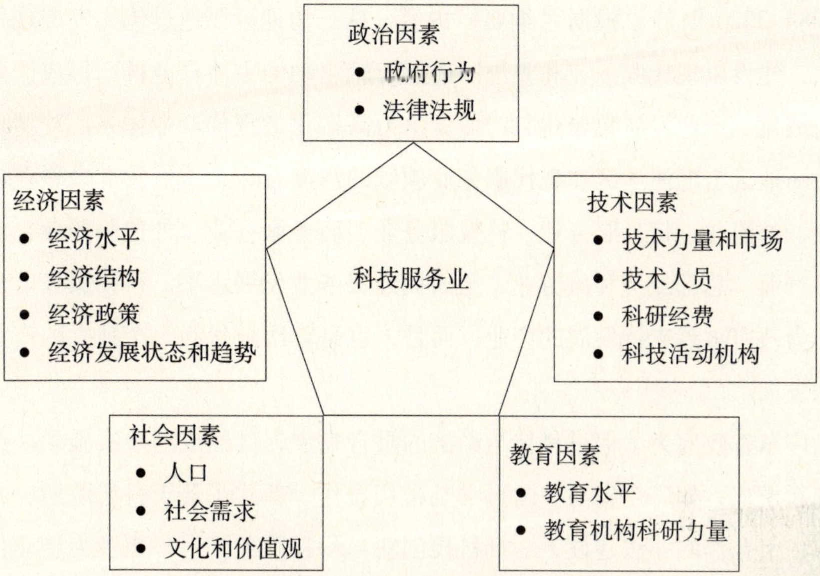

图 3－1　PEST 分析模型

1.1　政治因素

广东省科技服务业发展的政治环境影响因素包括政府行为和法律法规两个主要方面。

1.1.1　政府行为

在改革开放之前，我国不存在科技服务业，甚至不存在科技中介机构，改革开放以后，在政府的主导下，逐步构建科技服务业。从 1978 年起，以技术交易会为纽带开始建立起一批科技中介服务机构。1984—1991 年科技服务业初见规模，主要的科技服务机构和模式有专利事务所、科技工业园和技术市场等。1992—1999 年是科技服务业快速发展阶段，科技服务业体系基本形成，技术产权交易所、生产力促进中心、科技评估中心、技术创新服务中心、孵化器等迅速发展。从 2000 年开始，科技服务业作为一个新兴的服务业，其对经济的贡献，对产业体系的支撑作用受到全社会广泛重视，涌现了新兴的科技服务业，如机器人服务业、生命健康服务业、纳米技术服务业等。2008 年国家发改委出台了《珠江三角洲地区改革发展规划纲要

(2008—2020 年)》。根据《纲要》内容，珠三角地区要通过优先发展现代服务业，建设以现代服务业和先进制造业双轮驱动的主体产业群，形成产业结构高级化、产业发展集聚化、产业竞争力高端化的现代产业体系。支持珠江三角洲地区与港澳地区在现代服务业领域的深度合作，重点发展金融业、会展业、物流业、信息服务业、科技服务业、商务服务业、外包服务业、文化创意产业、总部经济和旅游业，全面提升服务业发展水平。科技服务业已经被列为政府重点支持发展的产业，而且，也是首次被作为一个独立的产业来规划发展。

广东省政府为了促进科技与经济的融合发展，已经成功地实施了一些科技创新模式，如广东省与中国科学院密切合作，新建了若干科研院所，并采取省、市合作的办法建设了一批科技创新与科技服务平台，积极为企业创造良好的服务环境和技术支持。省政府和各地市政府通过财政支持，大力开展省部产学研项目和市级产学研项目，通过依靠高校和科研院所的研究力量更新理论观念，开发新技术，提供新思路，依靠企业的力量开发新产品，提供新服务，把理论和技术转变成现实中的经验和效益，为全面提升科技服务能力构建了一个良性的交流和合作机制。

1.1.2 法律法规

改革开放以来，我国出台了一些科技创新的法律法规，包括《商标法》、《著作权法》、《计算机软件保护条例》、《科学技术进步法》、《专利法》、《技术合同法》、《农业技术推广法》、《促进科技成果转化法》、《关于加速发展科技咨询、科技信息和技术服务业的意见》、《关于加强技术创新，发展高科技，实现产业化的决定》、《中小企业促进法》、《关于大力发展科技中介机构的若干意见》、《科技部落实科技中介机构建设年工作要点》、《关于产业技术研究与开发资金试行创业风险投资的若干指导意见》、《关于推动产业技术创新战略联盟构建的指导意见》、《科技型中小企业创业投资引导基金管理暂行办法》、《国务院关于加快发展服务业的若干意见》、《关于加快发展服务业若干政策措施的实施意见》、《关于银行业金融机构支持服务业加快发展的指导意见》等。这些法律法规的出台，为我国技术创新发展和科技服务机构的发展提供了重要的法律支撑。

广东省科技服务机构产生于20世纪80年代，省政府先后制定了一系列扶持企业技术创新和科技服务机构发展的法律法规和政策措施，为科技服务业的发展提供了重要的法律支持。为促进科技服务机构和技术交易市场的快速发展，规范科技服务机构的各类活动，广东省政府积极发挥政府对科技服务机构的推动和规范作用，先后出台了一系列促进科技服务业发展的地方性法规规章。

早在1998年，在《中共广东省委、广东省人民政府关于依靠科技进步推动产业结构优化升级的决定》中，省政府就为鼓励科技服务业的发展而特别给予科技服务机构一定的优惠政策。2004年，广东省启动了科技中介服务体系专项计划，旨在重点扶持和发展科技服务机构。之后在2007年，在《广东省人民政府办公厅关于印发广东省服务业发展“十一五”规划的通知》（粤府办〔2007〕32号）中，明确提出将“科技服务业”纳入十大重点发展服务业范围，表明省政府对发展科技服务业的高度重视。在2008年出台的《中共广东省委、广东省人民政府关于加快建设现代产业体系的决定》中，提出了构建“以现代服务业和先进制造业为核心”的现代产业体系，再次将“科技服务业”纳入发展现代服务业的重要内容。2009年，广东省科技厅成立科技服务与管理处，在原科技成果与技术市场处的基础上，进一步扩充了科技服务业的行业管理职能。2010年，为更好地促进和加快科技服务业发展，省政府制订了促进科技服务业发展的专项计划，重点支持科技服务业发展政策法规环境建设和科技服务机构能力建设。

1.2　经济因素

1.2.1　经济水平

改革开放之后，广东省步入经济高速发展期，为科技服务业的全面发展和升级提供了强大的经济支撑。三十多年来，广东省国内生产总值年均增长

13.7%，按可比价计算，增长了42倍。但金融危机对广东省实体经济造成了空前的冲击和影响，全省经济增长速度从2007年的14.7%迅速回落到2008年的10.1%，2009年进一步回落到9.5%。

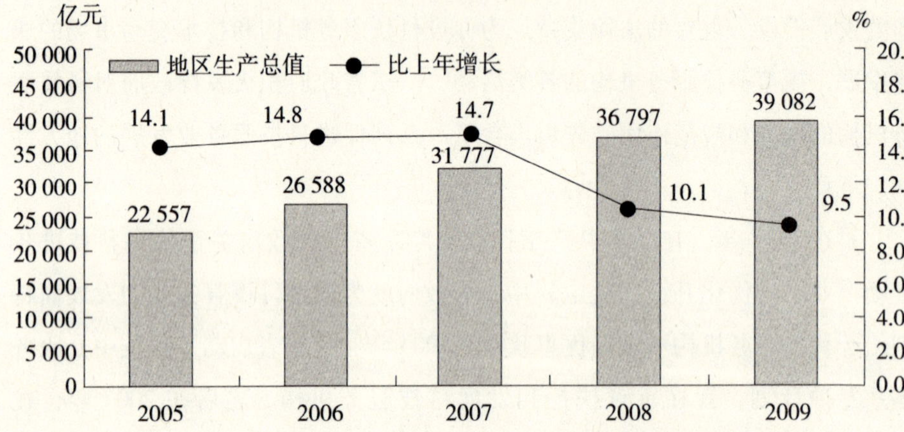

图3-2　2005—2009年广东省生产总值及其增长速度

2009年广东省生产总值达39 081.59亿元，同比增长9.5%。其中，第一产业增加值2 006.02亿元，增长4.9%，对GDP贡献率为2.5%；第二产业增加值19 270.48亿元，增长8.7%，对GDP贡献率为48.4%；第三产业增加值17 805.09亿元，增长11.0%，对GDP贡献率为49.1%。自2005年以来，广东省生产总值一直保持高速增长，虽然在2008年受到全球金融危机的重创，增长速度有所放缓，但是平均增速依然达到14.7%，高于全国平均增速。2009年全省居民消费价格总水平下降2.3%，工业品出厂价格下降4.2%，其中生产资料价格下降5.4%，原材料、燃料、动力购进价格下降6.2%。广东省经济的高速发展为科技服务业的发展提供了坚实的物质基础，近年来一直居高不下的通货膨胀率在2009年得到了较好的控制，经济发展质量有所提高，这是广东省经济稳定发展的明证。经济高速度发展为科技服务业提供了强大的经济基础和发展需求。

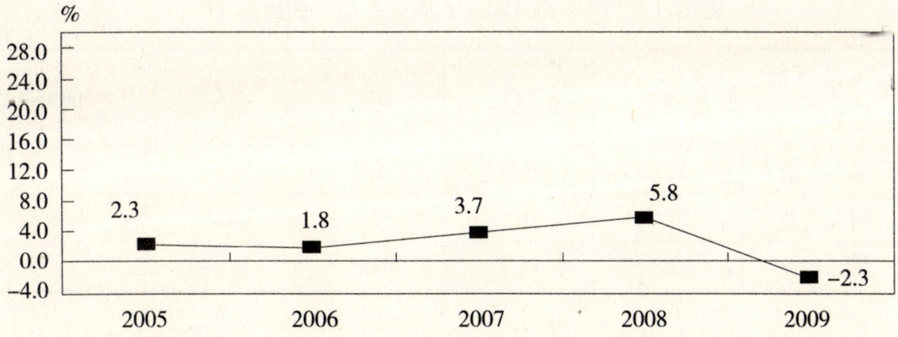

图 3－3 2005—2009 年广东省居民消费价格涨跌幅度

1.2.2 经济结构

根据统计资料，广东省三大产业在国民经济中的比重呈现一定的规律性，即第一和第二产业比重正逐渐减小，而第三产业的比重逐步增大，特别是近三年来，一直保持年均 1% 的比重增幅。在 2009 年，第三产业对 GDP 的贡献率达 49.1%，超过了第一产业和第二产业，这表明了第三产业对经济的拉动作用已经超过传统的第一产业和第二产业。目前在广东省第三产业中，传统服务业仍然保持较大的比较优势，科技服务业同金融、电子商务、会展经济、现代物流业等生产性服务已经成为泛珠江三角地区最具活力的业态。科技服务业不仅是面向社会公众的一种公共性服务，同时还为顾客及消费者提供商业化服务。该行业研发费用占 GDP 的比例高，就业人员以知识型劳动力特别是创造型劳动力为主，属于 OECD 定义的知识密集型服务业。据美国研究，目前传统意义上的农业、制造业和传统服务业的就业岗位均呈现负增长状态，而创造型劳动岗位是唯一呈现增长态势的就业岗位。国家的竞争力，在很大程度上体现在创造型产业的增长上。创造型产业包括产生专利与科技知识的研发业、产生版权的文化科技创意产业、产生设计知识产权的设计产业等。另外，据教育部调查统计，在高校毕业生就业结构中，第一产业仅为 3%，第二产业约占 21%，第三产业占 76%。第三产业劳动岗位的增长反映了未来产业结构演变的一种趋势。

表 3-1　2005—2009 年三大产业占 GDP 的比重（%）

年份 产业	2005	2006	2007	2008	2009
第一产业	6.2	6.0	5.4	5.4	5.1
第二产业	50.7	51.3	51.3	50.3	49.3
第三产业	43.1	42.7	43.3	44.3	45.6

随着广东省产业结构的不断调整和优化，产业结构逐步呈现出“四化”特征：适度重型化，2008 年，全省轻重工业比重为 40.7∶59.3，汽车、石化、核电装备等先进制造业发展提速；高新技术化，2009 年全省高新技术产品产值突破 2.6 万亿元，同比增长 15%，已形成全球最大的液晶电视模组制造基地；产业支柱化，全省 9 大产业增加值占全省工业的 70.9%，服务业增加值占 GDP 的 42.9%；高效节能化，从 2005 年起全省万元 GDP 能耗下降连续三年在全国居于领先水平，2008 年下降 4.34%，淘汰落后水泥产能 2 500 万吨、钢铁产能 550 万吨、小火电 300 万千瓦以上。

此外，产业的区域布局更加趋向合理。珠三角产业竞争力不断提高，加快向高科技含量、高关联度、产业链长的产业集中，现代服务业、先进制造业和高新技术产业迅猛发展；东西两翼初步形成石化、能源、电力等重化产业基地和集群；山区资源性、配套性特色工业快速壮大，自 2005 年起，GDP、工业增加值、财政收入增幅连续高于全省平均水平。

1.2.3　经济政策

广东省政府为促进科技服务业发展还提供了一系列的经济政策支持。2004 年，省科技厅启动科技服务体系建设专项资金，对立项的各类科技服务机构给予直接的资金支持。2007 年，省科技厅与国家开发银行广东省分行签署科技与开发性金融合作协议后，印发了《广东省科技型中小企业融资担保风险准备金管理暂行办法》。2008 年，广东省地方税务局印发《关于落实扶持服务业发展若干税收优惠政策的通知》，给予现代服务业十大重点产业免征所得税或者营业税等相关税收政策优惠，并鼓励吸引服务业的大公司、大集团发展。2009 年，广东省科技厅联合广东省财政厅制定《广东省科技型中小企业技术创新专项资金管理暂行办法》，建立支持广东省科技型中小企业技术创新以及融资项目的专项资金，专项资金以无偿资助、贷款贴息等方式支持科技型中小企业的技术创新活动。2009 年 10 月，全国首家区域性非公开科技企业柜台交易市场“科技型中小企业非公开股权柜台交易市场”在深圳中国（华南）国际技术产权交易中心挂牌成立。它将致力于为中小企业和科技成果转化提供包括私募融资在内的综合金融服务，为深交所创业板、中小企业板培育更多上市资源，政府则通过财政补贴、税收优惠、软硬件建设等多方面为市场发展提供大力支持。

1.2.4 经济发展状态和趋势

综观世界上工业化国家产业发展的历程，基本上都是沿着“农业—轻工业—基础工业—重化工业—知识产业和现代服务业”的路径依次演进的。伴随着工业化进程，后工业化阶段将形成“三、二、一”产业的发展排序，现代服务业和先进制造业最终成为高端主导产业。自 20 世纪 90 年代以来，随着经济全球化的深入发展和知识经济、循环经济两大潮流的推动，国际产业分工格局的变化出现了三个重要趋向：一是欧美发达国家掌控了产业高端竞争的主动权，主导了国际产业转移和国际资本流向，处于低端竞争的发展中国家产业依附性日益被强化；二是现代服务业和知识产业成为价值链的高端产业，左右着全球经济态势，主宰着一国或地区的国际竞争力；三是信息化推动制造业走向“微笑曲线”两端，掌控先进制造业的国家和跨国企业拥有强大的核心竞争力，在国际产业链中处于支配地位，而发展中国家的加工制造业日益被边缘化。因此，构建现代产业体系，尤其是打造现代服务业，已成为各国和地区参与全球高端竞争、增强可持续发展能力的重要基础，是世界经济发展的普遍规律。在此过程中，有三股重要的力量推动现代产业体系的形成和发展：科技全球化、第三方服务和外包服务。

科技全球化进一步拓展其深度和广度。科技全球化是指科技研究开发资源的全球配置，科学技术活动的全球管理和研究开发成果的全球共享。面对全球气候异常、自然灾害频繁、环境污染、传染病蔓延等全球性问题，各国必须协同研究与合作。而且，国际区域经济与科技合作的发展速度也越来越快，跨区域合作成为新热点，亚洲的经济与科技的合作对世界经济的影响越来越大。双边自由贸易协定大量签订，南北型区域合作成为主流，各种区域经济合作中仍以多边的区域经济合作影响力最大，引领国际区域经济与科技合作不断深化。

第三方服务成为科技服务业的新增长极。所谓“第三方”，是指两类市场主体外的第三种具有公正性与诚信能力的专业化、社会化市场主体。在国际贸易中，凡是关系到人与动植物生命健康，关系到国家与人民安全，关系到人与生态环境的重要事项都是政府必须参与或干预的。但这些事项并不都需要由政府去做，而是由一些有一定资质的社会化、专业化的机构、组织甚至企业去做，这些机构、组织、企业所提供的服务称为第三方服务。在科技服务业领域，存在着大量的第三方服务，包括咨询、信息、研发、技术贸易、科技证券化、创业投资、检测、设计、安全评价、资质认证、培养、管理服务等。这些第三方服务成为科技服务业发展的亮点。

外包作为国际贸易的重要形式，成为世界性的潮流。外包是指动态地配置自身和其他组织的功能和服务，并利用外部的资源为内部的生产和经营服务。当组织人力不足的时候，可将内部的非核心业务外包给外部的专业公司，以降低营运成本，提高品质，维持组织核心竞争力。特别在对外贸易中，许多跨国公司并不把产业链的全部或重要部分放在母国，而是把产业链的部分甚至重要部分放在具有比较优势的东道国。目前，中国是制造业外包的主要东道国，广东省是制造业中低端外包的重要“东道区域”。随着制造业中高端外包、知识密集型服务业外包的发展，研发与技术服务外包可能成为广东省产业发展与调整的一个契机。《珠江三角洲地区改革发展规划纲要（2008—2020年）》明确指出，要建设以珠江三角洲地区为中心的南方物流信息交换中枢，进一步确立珠江三角洲地区的国际电子商务中心地位。着力发展外包服务业，到2012年，培育2～3个国家级国际服务外包基地城市，形成较为完整的国际服务业外包产业链。支持发展研究设计、营销策划、工程咨询、中介服务等第三方专业服务机构，促进科技服务业和商务服务业发展。

1.3　社会因素

1.3.1　人口

2009年末广东省全社会从业人员5 680万人，比上年末增长2.3%，全年城镇新增就业172.30万人。2009年末全省常住人口9 638万人，比上年略有增加，城镇人口占63.4%，农村人口占36.6%。

全年农村居民人均纯收入6 906.93元，比上年增长7.9%，扣除物价因素，实际增长10.7%。农村居民家庭恩格尔系数为48.3%，比上年下降0.7个百分点。农村居民消费支出中教育文化娱乐服务所占比重为5.9%。农村最高20%收入组人均纯收入为14 923.87元，农村最低20%收入组人均纯收入为2 796.92元。

2009年广东省全年城镇居民人均可支配收入21 574.72元，比上年增长9.3%，扣除物价因素，实际增长12.0%。城镇居民家庭恩格尔系数为36.9%，比上年下降0.9个百分点。城镇居民消费支出中教育文化娱乐服务所占比重为12.9%。城镇最高10%收入组人均可支配收入为56 931.45元，城镇最低10%收入组人均可支配收入为6 000.83元。

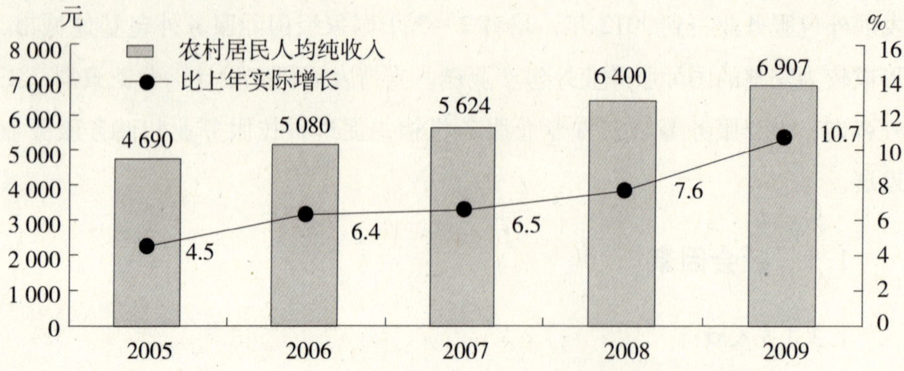

图 3－4　2005—2009 年农村居民人均纯收入及其增长速度

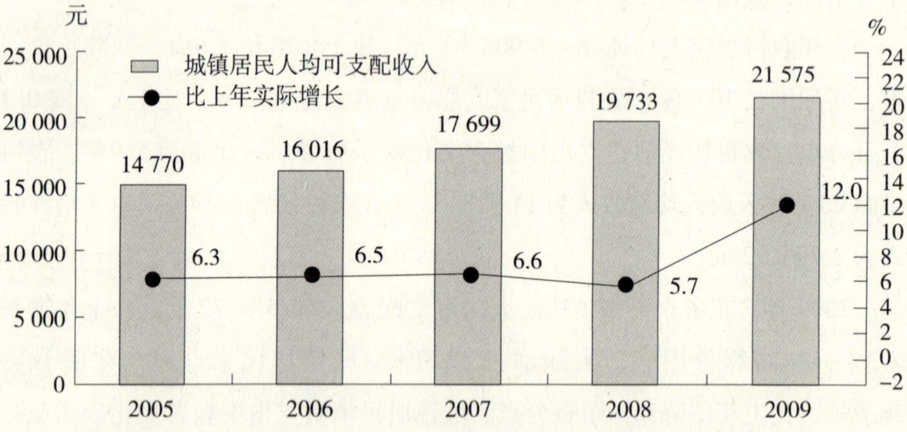

图 3－5　2005—2009 年城镇居民人均可支配收入及其增长速度

经济的高速发展带来了居民可支配收入的不断增长，人口的增加引发了更多的社会需求。对于科技服务业而言，消费者的物质需求仍然是其发展的主要驱动力。随着穿衣吃饭等温饱问题得到基本解决，居民对物质的需求开始向多样化和差异化的方向发展。有证据表明，目前我国城镇居民对传统的消费物品已无太大的兴趣，像家电、农副产品等对其吸引力较之以前有很大的减弱。在我国经济和城镇居民收入持续多年快速增长的情况下，现在城镇居民较感兴趣的消费是住房、汽车等大件物品和高等教育、出国旅游等高档服务。像广东省这样经济比较发达的区域的社会需求和愿望已经集中体现在住房与便捷的交通、健康与医疗保障、终身学习与提高能力、安全与健康的环境这四个方面。这些需求，都是推动科技服务业发展的强大动力。

1.3.2　社会需求

消费需求的改变和升级是引发消费周期变化的主要动力。自改革开放以来，中国经历了三轮消费周期。第一轮消费周期发生在20世纪80年代中期，以家用电器为代表的耐用消费品的迅速普及为主要特征。第二轮消费周期发生在20世纪90年代后期，这一轮消费升级是由手机和电子计算机的普及引发的。第三轮消费周期开始于21世纪初，此轮消费升级的主要表现是汽车消费和住房消费成为新的消费增量的主力。与前两次消费周期相比，汽车消费和住房消费对人们的消费方式的影响更为深远，对相关产业的拉动力更强，特别是对原材料、机械制造、电子设备等大行业的拉动作用明显，同时也创造了对城市建设和城市基础设施发展的需求。正因为如此，第三轮消费周期成为支持整体经济从周期性低谷走向繁荣的重要引擎。

国际经验表明，汽车消费和住房消费的大众化对经济的拉动力不仅较强，而且更为持久。20世纪20年代，美国在汽车消费和住房消费的大众化的推动下，经历了近10年的经济繁荣。从20世纪60年代开始，汽车消费在日本迅速大范围地普及，成为支持当时日本经济高速增长的重要动力。

随着汽车价格的不断下降，特别在减少小排量汽车购置税和汽车以旧换新政策的鼓励下，消费者对汽车的消费能力和消费愿望不断提升，使得汽车仍是2010年上半年消费的主要热点。1～6月份，限额以上企业实现汽车类商品零售额854.52亿元，同比增长42.3%；同时，与汽车消费直接相关的石油及制品类商品零售额588.86亿元，同比增长35.8%。

由于2010年初出台的房地产调控政策效果逐步显现，购房者观望情绪浓厚，销售趋于平淡，再加上2009年商品房销售畅旺，对比基数较大。因此造成2010年上半年销售增幅逐月走低，销售面积更是于年内首次出现负增长。上半年商品房销售面积2 851.49万平方米，同比下降3.2%，增幅同比大幅回落49.6个百分点；商品房销售额2 059.93亿元，增长13.7%，增幅同比大幅回落39.8个百分点。但按销售额和销售面积计算的全省商品房平均销售价格同比增长17.5%。同时，与房屋消费相关的家具、五金电料、建筑装潢等商品零售额也继续保持较高增长，分别增长35.1%、34.2%和27.2%。

汽车和住房市场的持续强劲增长不仅直接拉动了广东省经济的快速增长，还带动了相关产业的不断完善和壮大，对于提高经济的整体效益和质量具有积极的正向作用，而对于刺激居民汽车和住房的消费欲望则是在后危机时代广东省进一步拉动内需的重要举措。广东省对电动汽车的发展非常重视，并将之视为培育新兴产业的重要契机，电动汽车的发展将对科技服务业产生新的、更加深远的需求。

民生与健康医疗已经成为国内外广泛关注的科技领域，特别是健康科技，科技含量高，关系民众的根本利益，健康科技的产业化将惠及各个社会群体。健康医疗产业包括医生与医院、药品行业、健康管理、各种医疗器械的生产四个部分。和全国的情况一样，广东省的人口结构也在趋于老龄化，人口平均寿命延长。政府与公众对于健康与安全的关注、弱势群体的忧虑、电子信息技术与健康科技的融合，都成为健康科技产业化的强大动力。健康科技是综合性极强的科技，服务于人类健康的科技日新月异，正在引领健康科技服务业成为一个综合性极强的科技服务业领域。

广东省健康需求的大幅增长推动健康服务产业的快速发展。目前广东省正在从培育新的支柱产业的战略高度大力发展健康服务业，以科技集群促产业集群，构建多层次、多元化、全方位的健康服务产业体系。立足于珠三角、国内和国际市场，加快健康科技市场化，做大产业规模。依托一批重大项目，争取政策突破，加快建设与广东经济实力相符合的健康服务业体系，力争将广东培育为泛珠三角区域的健康服务中心及全球海外华人的健康服务中心，最终将广东的健康服务业培育成广东新的支柱产业。

1.3.3 文化和价值观

解放思想，实事求是，是中国特色社会主义理论的精髓，也是我国改革开放的理论武器。广东省能够在改革开放中先走一步，很重要的一点，就是在解放思想、观念更新方面先行一步。广东在改革开放进程中的每一次重大突破，都是以解放思想为先导的。广东是岭南文化的发祥地，之所以能在改革开放中形成观念先行的特色，得益于岭南文化开放、务实、敢为人先的精神。

由于具有面临南海的独特地理优势，广东历史上的海外贸易相当发达。发达的对外贸易和人际交往，孕育了广东人的开放观念。来自外面的新思想、新观念、新技术，只要是合适的、可用的，广东人都吸收借鉴，这种开放的文化心态，使得岭南人在接受新思想、新观念方面快人一步。在频繁的商业贸易活动中，崇义重利得到了广东人的广泛认同，认为求利是商人的正当要求。人们在实实在在的求利谋生中形成了追求财富、讲究实惠、注重效益的行为准则，由趋利而讲究效益，由市场竞争而追求变革，使得趋利务实成为岭南文化的鲜明特质。广东人一向都具有敢闯、敢冒险的品格，为了能在商海中求生存，不远千里漂洋过海，到外面的世界拼搏创业，形成一种“敢为天下先”的人文精神。

这些岭南文化特有的积淀和内涵，不仅创造了广东省改革开放三十多年来经济高速发展、生活水平空前提高的繁荣局面，也是在新的发展时期，广东省加快体制改革，促进产业结构调整和优化，大力发展现代服务业，重点培养科技服务业的思想动机。

但是，改革开放的巨大成就也使一部分人滋生了骄傲自满的情绪和不良心态，削弱了改革动力。一是存在“小富即安、小进则满”的思想观念，缺乏忧患意识。一部分人特别是部分领导干部对取得的成绩沾沾自喜，自以为是。有的被成绩冲昏头脑，麻痹松劲；有的降低了标准，降低了要求；有的创新不足，因循守旧，明哲保身，怕负责任；有的只看到了发展的成果，看不到存在的问题和差距，缺乏进取精神。二是视野狭隘，不能用世界眼光谋划广东的发展。缺乏世界眼光的小农式狭隘观念在广东省部分领导干部中仍旧存在。有的不虚心向外界学习，对世界发展中的文明进步主流、先进标准、竞争动态茫然无知；有的在经济社会发展指标上不敢或不愿向世界先进水平看齐，只满足于在国内争排名。三是存在“唯 GDP 至上”的观念，有的干部只关注经济增长，忽视民生和社会公平，造成社会矛盾突出，影响和谐稳定。这些不良的思想观念都是束缚经济发展和科技创新的重要因素。进一步发扬“敢为天下先”的精神，解放思想和更新观念，进一步把实事求是落到实处，这是继续开创新的繁荣局面的思想保证。

1.4 技术因素

1.4.1 技术力量和市场

广东省政府高度重视培育与发展技术市场，为利用现代信息技术改造提升传统的技术市场、创新技术交易方式，建设了“华南技术交易网”。2007年10月，华南技术交易网在深圳第九届高交会现场举行开通仪式。建设华南技术交易网是深入实施自主创新战略、培育和发展技术市场、加快科技成果转化的一项重要举措，标志着广东省技术交易市场的现代化和信息化步入了一个新阶段。截至2007年底，华南技术交易网的整体框架已经初步建成，包括项目对接系统、信息分析系统、中介咨询服务系统、科技社区交流系统等。华南技术交易网在品牌建设、创新管理、资本运作等方面进行不断探索，广泛集聚高校、科研院所、科技型企业、金融机构和中介机构等各方面的资源，使得广东省成为我国重要技术资源集散地。华南技术交易网发挥覆盖地域广、信息传播快等优势，促进了本省科技成果转化和技术交易，还成为沟通广东省、华南地区与国内外科技、产业界的桥梁，促进了国内外技术成果的引进和产业化。

2008年，中国（华南）国际技术产权交易中心完成交易额410.03亿元，涉及总资产金额2 144.08亿元；省内5家机构获批准成为第一批国家技术转移示范机构；全省获得30项国家科学技术奖励，取得大批自主技术，经济社会效益显著；全省科技信息、技术评估、知识产权、生产力促进机构等持续健康发展。获省部级以上科技成果504项，其中基础理论成果29项，应用技术成果 468 项，软科学成果 7 项。全年申请专利 125 673 件，增长 21.0%；其中发明专利 32 247 件，增长 14.8%。专利授权 83 621 件，增长 34.8%；其中发明专利授权 11 355 件，增长 49.3%。经 PCT（专利合作条约）提交专利申请 4 418 件，增长 41.6%。广东省发明专利申请量和授权量总数均居全国第一。2009 年，广东省经各级科技行政部门登记技术合同 14 497 项；技术合同成交额 247.93 亿元，增长 34.2%。广东省自主创新能力进一步提升。

1.4.2 技术人员

2007 年，广东省国有企业、事业单位专业技术人员达 139.19 万人，在国有企事业单位专业技术人员中，工程技术人员、农业技术人员、科学研究人员分别有 14.08 万人、1.73 万人、0.57 万人，分别占总体的 10.1%、1.2%、0.4%。

表 3-2 广东省国有企业、事业单位专业技术人员数（2002—2007 年）

指标	2002 年		2003 年		2004 年		2005 年		2006 年		2007 年	
	绝对人数（人）	比重（%）	绝对人数（人）	比重（%）	绝对人数（人）	比重（%）	绝对人数（人）	比重（%）	绝对人数（人）	比重（%）	绝对人数（人）	比重（%）
工程技术人员	257 915	24.6	135 621	10.7	142 307	10.4	146 411	10.5	137 802	10.0	140 828	10.1
农业技术人员	14 652	1.4	12 575	1.0	16 942	1.2	17 407	1.2	16 999	1.2	17 311	1.2
卫生技术人员	196 849	18.8	202 548	16.1	234 297	17.1	248 547	17.8	246 679	17.9	246 480	17.7
科学研究人员	8 222	0.8	4 918	0.4	5 235	0.4	5 434	0.4	5 163	0.4	5 711	0.4
教学人员	379 649	36.2	734 721	58.1	772 936	56.3	791 255	56.6	805 397	58.6	824 462	59.3
其他人员	139 039	13.2	174 600	13.8	200 901	14.6	189 988	13.6	163 376	13.9	157 142	11.3

注：其他人员含经济人员、财会人员、统计人员、文艺人员、外语翻译人员

1.4.3 科研经费

2007 年，广东省科技活动机构的经费筹集额达 718.33 亿元，比 2006 年增长 28.0%，保持稳定增长；科技活动经费支出 686.85 亿元，比 2006 年增长 26.7%，占 GDP 的 2.21%；研究与试验发展（R&D）经费 405.5 亿元，

比2006年增长29.5%，占GDP的1.3%；政府科技拨款119.26亿元，比2006年增长14.6%，占财政支出的3.78%，比2006年降低0.3个百分点。

2007年，企业科技活动经费筹集额为646.66亿元，科研机构为35.68亿元，分别占总体的90%和5%。从筹集渠道看，政府资金67.89亿元，占筹集总额的9.45%，科研机构科技经费筹集额中政府资金占66.27%，企业科技经费筹集额中政府资金所占比重最低，只有3.23%。

表3-3　广东省科技活动经费增长情况（2002—2007年）

指标	2002年	2003年	2004年	2005年	2006年	2007年
科技活动经费筹集额（亿元）	305.01	362.96	443.36	502	561.09	718.33
科技活动经费支出（亿元）	291.3	332.4	398.24	456.36	541.91	686.85
GDP比重#（%）	2.47	2.44	2.11	2.04	2.2	2.21
研究与试验发展经费（亿元）	156.45	179.84	215.19	249.6	313.04	405.5
占GDP比重#（%）	1.33	1.34	1.14	1.12	1.19	1.3
政府科技经费拨款（亿元）	57.7	56.58	65.37	83.77	104.1	119.26
占财政支出的比重（%）	3.79	3.34	3.53	3.67	4.08	3.78

注：#GDP数据使用经济普查口径数据

从科技活动经费筹集额中政府资金的部门分布看，科研机构获得34.83%的政府资金，企业获得30.77%。2007年，全省科技活动经费内部支出额总计达686.85亿元，其中企业为626.09亿元，科研机构为32.67亿元，分别占全省科技活动经费内部支出额的91.15%和4.76%。

2007年，全省R&D经费支出为405.5亿元，占科技活动经费支出总额的59.04%。从执行部门看，企业支出R&D经费378.03亿元，占科技活动经费支出总额的93.23%；科研机构支出R&D经费11.21亿元，占科技活动经费支出总额的2.76%。

表 3－4　广东省科技活动经费明细情况（2007 年）

单位：万元

项目	合计	企业	科研机构	高等院校	其他
科技经费筹集额	7 183 255. 2	6 466 600. 7	356 762. 0	320 919. 3	38 973. 2
政府资金	678 876. 9	208 902. 0	236 431. 0	213 526. 5	20 017. 4
科技活动经费内部支出	6 868 530. 2	6 260 867. 3	326 691. 0	242 601. 9	38 370. 0
R&D 经费	4 055 038. 2	3 780 274. 4	112 099. 0	147 880. 7	14 784. 1

1. 4. 4　科技活动机构

2007 年，广东省科技活动机构增至 3 678 个，其中科研机构 190 个，高等院校科技活动机构 246 个，企业科技活动机构 3 029 个，其他类型科技活动机构 213 个，分别占科技活动机构总数的 5. 17%、6. 69%、82. 35% 和 5. 79%。

表 3－5　广东省科技活动机构情况（2007 年）

指标	合计	科研机构	高等院校	企业	其他
技术开发机构数（个）	3 678	190	246	3 029	213
科技活动人员数（人）	198 905	15 811	5 793	173 628	3 673
科技活动经费（万元）	3 894 525. 9	326 690. 0	62 092. 1	3 480 778. 6	24 965. 2
R&D 活动经费（万元）	238 023. 6	112 099. 0	44 302. 8	74 706. 3	6 915. 5

2007 年，广东省共有科研机构 419 个，其中自然科学和技术领域研究与开发机构 158 个，社会与人文科学领域研究与开发机构 12 个，科技信息和文献机构 15 个，县属研究与开发机构 157 个和专职机构 77 个。

全省 419 个科研机构的职工总数为 2. 9 万人，其中科学活动人员 1. 82 万人，科学家与工程师 1. 22 万人，R&D 人员 6 640 人。2007 年，科研机构共筹集科技经费 42. 59 亿元，科技经费支出总额 40. 09 亿元，R&D 经费支出 12. 42 亿元。

2007年，全省企业所属科技活动机构3 029个，企业所属科技活动机构共有科技活动人员17.36万人，占企业科技活动人员总数的44.2%，科技活动经费348.08亿元，占企业科技活动经费的55.6%。

2007年，全省6 039个大中型工业企业中有技术开发机构的企业达1 050个，共有1 540个技术开发机构；拥有技术开发人员28.51万人，增长36.8%，其中科学家和工程师21.26万人，同比增长43.7%；技术开发经费筹集额为532.22亿元，增长39.4%，技术开发经费支出525.49亿元，增长36.4%，占产品销售收入的1.41%。

表3-6 广东省大中型工业企业技术开发概况（2002—2007年）

指标	2002年	2003年	2004年	2005年	2006年	2007年
企业（个）	2 622	2 677	4 009	3 894	5 334	6 039
有技术开发机构企业（个）	594	549	634	733	893	1 050
技术开发机构（个）	702	643	818	976	1 279	1 540
技术开发人员（人）	104 104	113 072	133 181	160 304	208 456	285 076
科学家和工程师（人）	72 289	80 266	88 488	114 027	147 879	212 553
技术开发经费筹集（亿元）	153.63	203.45	258.65	317.52	381.92	532.22
技术开发经费支出（亿元）	162.39	196.30	241.11	297.36	385.20	525.49
占产品销售收入比例（%）	1.79	1.43	1.23	1.33	1.27	1.41

1.5 教育因素

1.5.1 教育水平

2009年广东省研究生培养单位有31个，同去年持平，其中能够培养研究生的高等院校有23个，科研单位有8个。2009年招收研究生2.45万人，比上年增长15.8%，其中招收博士研究生0.32万人，招收硕士研究生2.13万人；在校研究生6.59万人，同比增长12.0%，其中，在校博士研究生

1.17 万人，在校硕士研究生 5.42 万人；毕业研究生 1.69 万人，同比增长 4.4%，其中，博士毕业生 0.25 万人，硕士毕业生 1.44 万人。

广东省拥有高等院校 129 所，比上年增加 4 所。2009 年普通本专科招生 43.86 万人，同比增长 12.3%，其中本科招生 20.83 万人，专科招生 23.03 万人；在校生 133.41 万人，同比增长 9.7%，其中本科在校生 71.95 万人，专科在校生 61.46 万人；毕业生 30.92 万人，同比增长 9.5%，其中本科毕业生 13.45 万人，专科毕业生 17.47 万人。高等学校教职工总数达 10.86 万人，比上年增长 5.9%，其中专任教师为 7.39 万人，同比增长 6.8%。

中等职业教育（不含技工学校）学校共有 573 所，同比去年减少 16 所。2009 年招生 52.99 万人，同比增长 33.1%；在校生 120.46 万人，同比增长 20.4%；毕业生 27.77 万人，同比增长 13.2%。教职工总数达 5.62 万人，比上年增长 4.9%，其中专任教师为 4.12 万人，同比增长 7.9%。

技工学校共有 242 所，比上年增加 14 所。2009 年招生 26.75 万人，同比增长 31.5%；在校生 64.11 万人，同比增长 19.7%；毕业生 12.52 万人，同比增长 22.0%。教职工总数达 2.54 万人，比上年增长 19.3%，其中专任教师为 1.86 万人，同比增长 17.7%。

广东省生源稳定，数量庞大，教育质量普遍较高。且大部分毕业学生，特别是高校毕业生，都选择在本地就业，为广东省经济发展注入了新的活力。特别是复合型人才和技术人员，为科技服务业的发展提供了充足的人力资源，是实现科技服务业可持续发展的强劲动力。

1.5.2　教育机构科研力量

2007 年，广东省拥有高等院校 109 所，高校办研究机构 246 个。高等院校科技活动人员（不含教师）有 3.19 万人，其中院校所属科研机构科技活动人员 5 793 人。高等院校科技经费支出为 24.26 亿元，R&D 经费内部支出为 14.79 亿元，院校所属科研机构的科技经费和 R&D 经费支出分别为 6.21 亿元和 4.43 亿元。

表 3－7　广东省科研课题及产出情况（2007 年）

指标	合计	科研机构	高等院校	企业	其他
科技项目数（项）	64 103	4 314	27 876	30 869	1 044
科技项目人员全时当量（人年）	257 980. 8	8 288. 0	16 277. 0	230 864. 1	2 551. 7
科学家和工程师全时当量（人年）	222 290. 4	6 116. 0	15 356. 0	198 991. 8	1 826. 6
科技项目经费内部支出（万元）	5 272 525. 7	114 510. 0	115 833. 8	5 026 030. 3	16 151. 6
专利申请数（件）	36 529	240	1 676	34 587	26
发表科技论文（篇）	65 599	4 441	51 643	3 728	5 787
出版科技著作（种）	2 208	144	1 959	55	50

2007 年，高等院校科技活动经费筹集额为 32. 09 亿元，从筹集渠道看，高等院校科技经费筹集额中政府资金占 66. 54%，从科技活动经费筹集额中政府资金的部门分布看，高等院校获得政府资金 67. 89 亿元的 31. 45%。高等院校科技活动经费的内部支出额为 24. 26 亿元，占全省科技活动经费的内部支出总额 686. 85 亿元的 3. 53%。高等院校支出 R&D 经费 14. 79 亿元，占全省 R&D 经费支出 405. 50 亿元的 3. 65%。

2007 年，全省科技执行部门共发表科技论文 65 599 篇，比 2006 年增长 4. 01%，其中高等院校 51 643 篇，占总体的 78. 7%。全省科技执行部门共出版科技著作 2 208 种，其中高等院校出版 1 959 种，占总体的 88. 7%。

2　广东省科技服务业发展内部本体的 SWOT 分析

根据统计数据，2008 年广东省科技服务业企业总数为 16 713 家，同比增加 1 187 家，其中内资企业 15 823 家，港澳台商投资企业 507 家，外商投资企业 383 家。外商直接投资项目 1 206 个，同比增长 23. 2%，实际利用外资 30 020 万美元。年末从业人员总数 34. 45 万人，同比增长 38. 2%。在固定资产投资方面，科学研究、技术服务和地质勘查业新增固定资产达44.87亿元，是上年的2.86倍，其中专业技术服务业新增固定资产增长迅猛，达到26.15亿元，占全部新增固定资产的58.3%，是上年的6.5倍。虽然广东省科技服务业呈现良好的发展态势，科技服务社会的民生效果显著，区域科技服务合作取得新突破，但是从总体上看，广东省科技服务业发展水平仍滞后于科技发展和经济发展的需要，发展过程中依然存在很多问题，需要进一步完善。

2.1　优势

2.1.1　科技服务能力不断增强

广东省技术交易市场不断发展，极大地提高了全省的科技服务能力。自2008年开始，全省的技术合同登记纳入了省行政审批监察事项，并开通技术合同认定登记管理系统。中国（华南）国际技术产权交易中心建设不断推进，科技型中小企业非公开股权柜台交易市场也得到了省政府的支持，已列入了《珠江三角洲地区改革发展规划纲要（2008—2020年）》。2009年初，华南技术交易网的高新技术成果、高新技术产品、专利技术成果、非专利技术成果、科研参考文献等信息总量已超过90万条，为中国技术交易行业储备了丰富的技术成果资源，为提高其科技服务能力奠定了基础。

科技中介服务体系逐步完善，以建设创新型广东为目标，以培育科技服务机构特色业务、优势业务为重点，完善广东科技中介体系的建设，提升了科技服务机构的服务能力，促进了全省科技服务业的发展。

科技评估管理能力有所增强。广东省科技评估中心完成了广东省科技计划项目评审中所有涉及网上项目评审的具体事务性工作和网上项目评审的跟踪管理工作。科技计划项目评审涉及社会发展、工业、农业、软科学等领域项目。全省科技评估工作在不断加强自身队伍能力建设，为广东省各级科技管理部门提供专业化科技评估服务的同时，加强科技评估理论的研究和与国内外同行的交流，促进科技评估理论本地化。

2.1.2 科技进步和科技人才的支撑作用越来越显著

广东省区域创新能力连续多年居全国第三，仅次于上海和北京。根据《中国区域创新能力报告》，2009 年广东省区域创新能力升至第二位，仅次于江苏省。创新能力的提高离不开科技的进步。近年来，科技对广东省经济增长的贡献率超过 50%。专利申请和授权量从 1995 年起一直居全国第一，2005 年起发明专利授权量连续位居全国之首。被认定为国家创新型企业和试点企业共 15 家，是全国拥有该类企业最多的省份。

一个行业的生存与发展不仅取决于社会需求，还取决于从事本行业的人才。广东省拥有数量众多的教育和培训机构，教育水平较高，每年为社会培养上百万的各种类型的人才，据统计，全省技能人才占从业人员比重达 28%。这些科技人员不但专业理论扎实、技术精湛，而且很大一部分还具有很高的管理素养，为科技服务业发展提供了丰富的人才资源。

2.1.3 民营科技企业成为科技服务业的重要载体

按照《中共广东省委、广东省人民政府关于加快民营经济发展的决定》（粤发〔2003〕4 号）的要求，2008 年，广东省着力推进民营科技园建设和民营科技企业现代企业制度试点工作，共安排省级民营科技园建设项目 25 项，民营科技企业现代企业制度试点项目 35 项，认定省级民营科技企业 195 家，促进民营科技园成为高新技术孵化基地、特色产业集群和产学研结合示范区。目前全省 14 个省级民营科技园区大部分发展势头良好，已成为助推民营科技园所在地区经济健康快速发展的强大动力之一。据统计，全省 14 个省级民营科技园企业总产值达 1 544 亿元，同比增长 130%；技工贸总收入达 1 515 亿元，同比增长 34%；上缴税金达 122 亿元，同比增长 20.8%。

民营科技园大力推进创新和服务体系建设、创新平台建设，为企业自主创新活动提供良好的服务；加大对科技型企业的引导、扶持力度，组织企业承担科技计划项目，加快自主创新步伐；加大知识产权工作力度，强化企业知识产权保护意识和创品牌意识。这些举措都为园区企业积极进行自主创新活动提供了强大的政策支持和后勤服务。除此之外，各民营科技园还开展科技招商，培育中小民营科技企业，不断提高园区产业集聚程度。

目前各民营科技园区已经形成产学研密切结合的创新机制，企业科技发展层次和水平得到了很大提升。民营科技企业是发展科技服务业的重要载体，是促进科技创新与产业化的一支重要力量。

2.1.4 专业技术服务成为科技服务业增长的亮点

近年来，软件开发、创意设计、测试技术和分析技术服务以及综合性技术服务等，成为推进广东省科技服务业发展的新的增长点。新兴科技服务业，如 DNA 检测、纳米应用等科技含量高的科技服务崭露头角。

广东省是中国实验室国家认可委员会认可实验室最多的省份。2006 年广州分析测试中心检测收入比 2003 年增长了 4 倍，从约 500 万元增长到 2 000 万元，服务范围有了很大拓展，中心目前获得认可的产品种类有 660 种，对应的项目或参数 1 899 项，涉及标准数 2 250 项，对要求进行理化测试的所有类型样品几乎都能承接检测，样品剖析水平处于全国先进行列。广州分析测试中心成功地从一个全民所有制的事业法人单位逐渐转变为企业化运作的科技服务机构，在同国外大型分析测试企业争夺市场的同时，积累了本地化的经营经验。在高端市场的开发上，广东已形成了自己独特的优势。

知识产权服务以满足企业需求为目标，为企业提供知识产权战略咨询服务、企业专利技术策略咨询服务、产品开发技术专利性咨询服务等新兴知识产权法律咨询服务内容。知识产权服务注重的是量体裁衣，对不同行业、不同规模的企业，在其所处产业价值链的不同阶段，知识产权服务机构服务的内容和手段都应该有所不同。

2.2 劣势

2.2.1 科技服务业综合实力不强

广东省科技服务业整体实力较弱，服务机构规模普遍偏小；缺少龙头企业，没有形成自己的品牌和信誉；专业化分工不明显，机构之间没有形成网络化协作机制；与发达国家科技服务机构相比，缺乏核心竞争力。大部分科技服务机构是从政府部门分离出来的，对政府依赖性强，缺乏清晰的业务定位和核心竞争优势，专业化水平不高，特色不突出，优势不明显，无法满足客户的需求，难以形成规模效益。据统计，广东省 2008 年科技服务业占当年国内生产总值的比例只有 1%，虽然比 2004 年增加了 0.2 个百分点，但总体实力在国民经济中还很弱，行业优势还没有显露出来。

随着“双提升”和“双转移”战略的实施，广东省经济发展对科技服务的市场需求越来越大，相对于市场需求而言，科技服务业规模还很小，提供的市场化服务有限。2009 年，广东省高新技术产品产值达 2.6 万亿元，同比增长 14.7%。而科技服务机构个数、从业人员数、营业收入等指标相对广东省高端制造业、高端服务业的需求来说，发展明显滞后。

从科技服务产业链方面看，科技服务业的前端比较薄弱。对国际科技发展动态、新兴产业分析、产业技术预测、国际市场和国内市场科技服务需求研究、基础研究中可望应用的科技副产品分析研究等都缺乏训练有素的人才和机构。

地域之间发展不均衡。表现为经济发达的珠三角地区的科技服务机构从数量到质量上均优于经济落后的粤北和粤东西两翼地区。广东省的科技服务机构有 34% 是政府机构和事业单位，32% 属于企业性质，而且规模较大的科技服务机构多是各级科技管理部门和政府有关部门开办的，对政府有很强的依赖性，缺少生存的竞争压力和提升服务能力的动力。没有形成完整的科技服务的产业链，更没有形成科技服务企业的国际品牌。

在结构方面，科技服务机构业务领域的发展不平衡，如在服务类机构中，工程技术研究中心、生产力促进中心、孵化器发展较快，而提供科技评估、检测、设计和创业投资服务等为科技与金融结合的服务机构及市场行为的监督机构发展缓慢。从科技服务业服务的技术领域上看，生物医药、电子信息领域的科技服务机构发展较快，而能源、环境、材料、航空航天技术等领域的科技服务机构发展较慢。

2.2.2 缺乏完善的管理规范和行业自律制度

广东省科技服务业还没有建立起系统的管理体系，呈现出一种多头管理、条块分割的局面。涉及科技服务机构规范、管理的法律、法规建设不完善。大多数类型的科技服务机构的法律地位、经济地位、管理体制、运行机制等还不明确。科技服务机构作为知识产业的载体，与其他经济贸易中介机构的界线还不够清晰，其市场准入、资质认证、培训等管理也视同一般的工商企业，没有行业特点和具体实施细则和标准，也享受不到高新企业政策。

完善的行业自律管理是科技服务业走向成熟的标志，科技服务业协会在科技服务行业的管理和建设中可以有不可替代的作为。政府要转变职能，退出微观管理领域，把能够交给行业协会管理的事务都交给协会管理，推动行业协会建立行业自律制度，从而推进科技服务行业的公平竞争和独立执业，使科技服务行业的发展走上法制化、规范化的轨道。发达国家的经验告诉我们，完善的行业自律是实现科技服务业健康快速发展的重要保障，是制定行业标准、规范行业竞争的重要机制。然而，广东省还没有科技服务业的行业协会，也没有产业分析机构对科技服务业进行产业分析和竞争力分析，对科技服务业发展的理论与实践方面的研究很少，对国外的了解也比较少。但另一方面，我们也应注意到，由于科技服务的技术含量高，涉及领域广，行业标准的制定非常复杂，无法一蹴而就。

2.2.3 市场化运行机制不成熟

科技服务业的市场准入标准还在应用服务业的准入标准，即资本金要求3万元以上，这个标准在世界范围内是偏高的。科技服务业也缺少系统的资格认证制度和执业标准。相关的法律法规也不健全。行政管理体制和税收政策不利于吸引社会资本进入科技服务业，对科技服务业的某些认定标准提高了社会资本的准入条件。如2006年科技部发布的《科技企业孵化器认定和管理办法》提出了认定国家高新技术创业服务中心的条件，其中包括可自主支配场地面积在1万平方米以上等。

在运行机制上，还没有形成企业化管理、市场化运作的机制。由于科技服务机构自身的业务能力不强，加之政府职能界定不清使得科技服务机构发展空间不大，难以发挥作用。国有性质的科技服务机构、非独立法人的中介机构和“官方中介”的机构占相当大的比例，从业者中兼职人员也很多。各级技术市场管理部门直属的中介机构、高等院校科研处所属的开发中心、科研院所的开发中心等大多不属独立的实体，影响了科技服务功能的发挥和服务能力的提升。目前，市场上有相当一部分的科技服务机构和组织表面上是分离于政府机关的，但在系统关系上，与原属行政部分有着密切联系，甚至具有依附关系，造成其运行方式留有明显的政府机关烙印，服务能力不强、服务意识不高、服务内容单一等现象充分暴露了这一问题。

此外，科技服务业的投资结构比较单一。国外科技服务机构的资金来源不是全部依赖政府，而是主要来自私营企业和慈善机构的投资或赞助。但根据我们的调查发现，我国各个科技服务机构的资金来源主要依赖于地方政府拨款和国家财政拨款，自筹资金非常有限，同时缺乏其他社会投资渠道。

2.2.4 高素质服务人才匮乏

在人类逐步迈向知识经济社会的过程中，较高素质的从业人员几乎是每一个行业赖以生存和发展的核心影响因素，作为高知识含量的科技服务业，高素质从业人员的重要性更是不容忽视。科技服务业作为一种知识密集型服务业，其发展涉及多类高素质复合型的人才，要求他们既具有良好的专业素养和专业技能，又精通现行经济运行、科技发展规律，还需要敏锐的市场观察力和丰富的创新服务经验。然而就当前情况来看，广东省科技服务业的从业人员整体素质较低，高端研发人才和具有创新性、跨领域整合与管理实务历练的人才严重缺乏，特别是随着科技服务业的不断发展壮大，高素质复合型人才将更加稀缺。

根据广东省2009年对6 000多家科技服务企业的调查，广东省科技服务机构从业人员中，中高级职称人员约占43%，大专以上学历人员约占63%，其中，学士学位人员约占25%，硕士学位人员约占7%，而博士学位人员仅占2%。作为向社会提供智力服务的科技中介组织，这样的知识结构显然跟不上市场的要求。而且，由于从业人员大多是从研究所、设计院、大学或信息分析部门等转化而来，专业的咨询知识、经验、技能及创造性十分缺乏，市场观念不强，服务意识淡薄，难以为客户提供高质量的服务。人才问题是摆在科技服务业前进道路上的绊脚石，必须引起足够重视，否则科技服务业是不能够迈大步前进的。

2.2.5 知识产权保护力度不足

大多数被调研对象在申请科研项目问题上抱怨颇多。学术腐败造成财政资金的配置不合理，科研标准混乱，评审人员缺乏学术道德，对学术腐败的监管没有制度化的措施。公共科技的研究项目时间过短，持续性差，科技人员困于跑项目，严重影响科研质量。拥有庞大科研机构和大学的广东省仍然原创不足。

2.2.6 服务手段落后

科技服务机构的服务手段落后，服务意识弱，经营水平不高，竞争力不强，缺乏适合市场经济发展的营销策略和必要的营销手段。一些科技服务机构还停留在简单式的中介水平上，或只能进行一些粗浅的信息传递，组织一般的信息发布会和技术交易会等。缺乏高水平、高素质的科技服务人才，不能根据科技型企业的实际需要提供针对性强的服务，服务价格混乱，存在假冒、欺诈技术交易行为。一些科技中介机构声望不高，难以使服务对象满意和信任。

2.2.7 国际化程度低

在科学发明和技术创新方面，广东省与国际先进水平还有很大的差距。借鉴国际上先进的科技成果，与业界一流的科研机构和单位合作，是增强科研实力的一条捷径。不断提高对外开放水平，加强与其他国家和地区的科技合作，是广东省提高科技研发水平，培养创新能力，进一步推动科技服务业发展的重要举措。但就广东省的现状来看，科技服务机构的对外开放意识还不强，开展国际合作的水平还不高，涉外业务的开拓甚至落后于国内部分省市。尽管咨询业务中介与融资中介相对开放较早，但也因受到国家某些规定的限制，发展缓慢。科技咨询是科技服务业中涉外项目较多的，但从整个行业来看，科技服务业的国际化程度还很低。

2.3 机遇

2.3.1 发达国家的服务业全球转移

经济全球化已成为一种不可逆转的历史潮流。其直接后果是带动了经济资源在全球范围内的流动配置和产业结构在全球范围内的调整，进而加快了全球新一轮产业转移和调整的速度。自 20 世纪 70 年代以来，一大批加工制造产业开始从发达国家转移到发展中国家，随后，产业转移的趋势逐步扩展到技术含量较高的电子加工等产业，尤其是高科技、高附加值的高端制造及研发环节的转移占跨国直接投资的比例显著提高。近年来，服务业尤其是低端服务业外包成为国际产业转移的新趋势。据联合国统计，20 世纪 70 年代中期世界技术交易总额只有 110 亿美元，到 90 年代中期骤增到 4 000 亿美元。联合国贸易和发展会议也预测，2010 年服务外包业务转移额将超过 1.2 万亿美元。例如，以美国为代表的发达国家不断向印度等发展中国家转移其金融产业的后台业务等低端服务业务。

在服务业成为产业转移的主要内容之后，研发设计和高新技术产业逐渐成为产业转移的热点。发达国家陆续将非核心的生产制造、采购营销、物流配送、研发设计等环节以项目和服务外包方式，转移到低成本的发展中国家。广东省可以通过承接这类产业转移来推动自身产业高级化进程，促进产业和商业模式创新，深化产业协作。特别是随着制造业中高端外包、知识密集型服务业外包的发展，技术服务外包将会成为广东省科技服务业发展的一个新契机。

2.3.2 有利的宏观政策环境

外部客观环境是一个行业存在的重要凭借和依托，外部环境的好坏是决定行业生死的重要因素。改革开放三十多年以来，广东省在发展市场经济的实践方面积累了丰富的经验，在经济体制改革和调整产业结构方面均取得了非常不错的成绩。政局稳定、社会有序、经济高速增长为科技服务业的发展提供了良好的市场环境；敦实的制造业为科技服务业的发展提供了坚实的发展基础和得天独厚的发展条件；域内发展相对成熟的传统服务业，为科技服务业的发展奠定了良好的基础。

在未来相当长的一段时期内，广东省的发展还将继续面临比较有利的宏观政策环境。一方面，为保持政策的持续性和稳定性，中央一再重申要继续实行积极的财政政策和适度宽松的货币政策。政府大规模公共投资的政策、扩大消费需求的财政金融政策、促进农民增收减支的价格政策以及完善社会保障制度等的系列政策的推进实施，将进一步促进广东省向社会经济薄弱环节、教育与就业、战略性新兴产业等方面投资的持续增长，加快广东省经济结构调整和产业转型升级。另一方面，国家宏观政策总体上对广东省经济发展十分有利。陆续出台实施的《珠江三角洲地区改革发展规划纲要（2008—2020 年）》和《内地与香港关于建立更紧密经贸关系安排》（Closer Economic Partnership Arrangement，CEPA），以及服务业对港澳扩大开放在广东先行先试等优惠政策，将为广东省加快发展提供有力的政策支撑。

2.3.3 珠三角新一轮发展带来的机遇

一个新兴产业的高速、健康、稳定发展很大程度上取决于其国家对于新兴产业发展的重视和扶持程度。首先，国家以及地方政府需要建立一系列的政策法规来规范新兴产业的发展，使之能够公平高效地快速发展。其次，仅仅对新兴产业发展进行简单层面的立法规范还远远不够，国家以及地方政府应该通过建立一系列的辅导、辅助机制来正确引导新兴产业的发展。科技服务业是全球范围内新兴的知识密集型服务产业，由于发展历史相对较短，发展中必然会遇到许多问题，所以国家以及地方政府的支持和政策引导是非常重要的。欧美国家的科技服务业发展较早，发展水平较高，很大程度上得益于各国采用的政策引导机制，有效激发了科技服务业的市场需求，促进了科技服务业的健康发展。广东省正在贯彻实施《珠江三角洲地区改革发展规划纲要（2008—2020 年）》，通过大力发展现代服务业来实现产业结构优化和升级，打造高端的现代产业体系，这必将推动全省发展科技服务业的进程。

2.3.4 强劲的后发优势

改革开放三十多年来，广东省已经成为中国对外开放的窗口，对外开放水平居全国前列。随着与国内外在科技方面合作的深入，广东省服务业市场的整体服务能力得到极大提升。按照《珠江三角洲地区改革发展规划纲要(2008—2010 年)》的要求，珠三角地区要形成以现代服务业和先进制造业为主的产业结构，形成粤港澳三地分工合作、优势互补、全球最具核心竞争力的大都市圈之一。2010 年广东省政府与香港特别行政区政府共同签署了《粤港合作框架协议》，双方就发展现代服务业达成一致。支持香港发展高端服务业，促进香港现代服务业进入广东，拓展发展空间；通过引进和合作，加快广东省现代服务业发展，提升服务业水平；深化粤港产业链条分工合作，形成错位发展、优势互补、协作配套的现代服务业体系。具体合作内容包括金融、旅游、物流与会展、专业服务与服务外包、文化创意及工业设计等。粤港的深度合作为发展科技服务业增添了强劲的后发优势。

2.3.5 广阔的市场需求

辅助行业、专门技能和专门服务机构的市场需求以及广阔旺盛的市场需求是一个行业快速发展最强劲的推动力。经济的快速发展和人才的优势吸引了越来越多的外部科技成果到广东转化和产业化，这必然需要越来越多的科技服务机构提供相关服务。特别是随着个人财富的快速增长，个人消费型科技服务的市场崭露头角，开发潜力巨大。

广东省为应对全球金融危机而采取的举措，为扩大内需带来了良机。目前我国居民最终消费占 GDP 低于 40%，全球平均超过 60%，美国更是超过 80%，因此中国扩大内需的潜力巨大。为应对金融危机，国家出台了总投资 4 万亿元的十大应对举措，广东省也出台了十六项扩大内需的举措，加快实施总投资 2.37 万亿元的“新十大工程”，大力发展现代服务业、先进制造业、高新技术产业和基础产业等。这些举措必将快速带动相关产业的升级和发展壮大，有效刺激和扩大消费需求，加速工业化和信息化进程。这也为科技服务业的发展开拓了广阔的市场。

2.4 威胁

2.4.1 对发展科技服务业的认识不足

目前全社会对科技服务业的发展认识不足，有的甚至认为科技服务可有可无，这样的认识导致市场对科技服务的主观需求不足。对大多数高新技术企业来说，虽然技术创新走在前面，但是在企业管理和经营等方面，往往深受传统观念的束缚，对科技服务没有强烈的需求欲望。有的中小企业本身研发能力并不突出，但过于讲求商业秘密，不愿借助科技服务中介将研发活动打包出去，使得企业“小而全”，减缓了企业的发展速度。

政府部门和学术界对科技服务机构的法律地位、经济地位、管理体制、运行机制等还未达成明确的共识。在政策扶持方面，仅有税收减免等少数措施。在行业管理方面，除咨询、评估、技术市场等领域在少数地区有行业管理措施以外，其他科技服务领域少见有类似制度实施。在机构制度建设方面，很多机构参照事业单位进行管理，以市场为导向的制度尚未真正得到实施。正是由于有关科技服务的法律法规不健全，缺乏对科技服务机构的管理和规范，多头管理、政企政事不分，导致科技服务市场的运行不规范，存在无序竞争和不正当竞争。

2.4.2 缺乏长远的发展规划和战略

科技服务业的健康发展离不开当地政府对发展科技服务业的总体战略规划。虽然广东省政府已经把发展科技服务业引入广东省结构调整及珠江三角洲发展规划中，但尚未从产业角度对科技服务业进行整体规划。各级领导也不十分重视从行业发展的角度对科技服务业予以规划，作为行业来抓是最近才提出的，而且缺乏相应的经验总结、管理措施和具体办法，更没有管理规范和方针政策。科技服务业的发展水平决定着科技与经济的结合程度、科技成果的转化率、科技体制改革的速度以及产业升级和结构优化能否最终实现，广东省政府应从政策上加大对科技服务业发展的支持。

欧洲各国和美国等发达国家的政府在发展本国的科技服务业时都给予了

高度的重视，从总体上制定了一系列发展科技服务业的战略规划，将科技服务业的发展置于非常重要的位置，因而现在欧洲各国和美国等发达国家的科技服务业无论是在行业规模还是在服务质量上都远远领先于其他国家和地区。然而广东省尚未对科技服务业进行明确的定位，也没有制定出科技服务业的总体发展规划和战略。无法准确确定科技服务业在国民经济中的地位和功能，这给科技服务业的发展带来了很多不确定性，不利于科技服务业的发展走上正轨。

2.4.3 公共基础设施不完善

21 世纪是经济全球化的时代，知识经济必然成为未来社会经济发展的趋势。科技服务业的发展需要整个社会经济的发展，需要以信息技术为代表的基础设施的支撑，完善的公共信息平台是科技服务机构获取信息的重要保障。广东省近年来虽然逐步加大对各类基础设施的投入和建设力度，新建公共信息分享网络平台。但从总体来看，信息化建设的步伐依然赶不上科技服务业发展的需要。区域性信息网络还没有形成，公共信息资源由个别部门独占的现象普遍存在，特别是行政部门对公共信息资源的垄断，导致公共信息难以共享，科技服务机构获取信息、处理信息的能力很低，而且大多依赖社会关系和非正规渠道，信息的及时性、准确性和完整性都无法得到保障。而获取信息的非常规性又进一步导致了不公平竞争，造成科技服务业内部的恶性循环。公共信息渠道不畅、信息供应不足等问题已成为科技服务机构发展的一大障碍，在一定程度上导致科技服务机构服务能力弱、服务领域单一。

2.4.4 外资科技服务业扩大

随着对外开放水平的不断提高，广东省虽然面临全球产业转移带来的机遇，但是也面临外资科技服务业的竞争和挤压。外资科技服务业一般都拥有雄厚的资金和先进的技术支持，并且市场服务经验丰富。他们的进入会给省内科技服务业造成较大的竞争压力。

近年来，外商直接投资服务业的比重不断提升，服务业中外商直接投资额所占比重已经从 2004 年的 21.5% 上升到 2008 年的 37.2% 。从服务业的内部看，外商直接投资进入的科学研究、技术服务和地质勘查业等领域所占的比重从 2004 年的 0.8% 提升到 2008 年的 1.6%，翻了一番。虽然就目前来看，科技服务业不是外商投资的重点领域，但是在广东省科技服务业尚未形成规模的情况下，外资的进入无疑会对本省科技服务业的发展造成一定的威胁。

第四章 科技服务业与广东省工业自主创新关系研究

1 相关概念界定

1.1 自主创新的含义

自主创新是指通过拥有自主知识产权的独特的核心技术以及在此基础上实现新产品的价值的过程。自主创新包括原始创新、集成创新和引进技术再创新。自主创新的成果，一般体现为新的科学发现以及拥有自主知识产权的技术、产品、品牌等。

理论界对创新过程进行了长期的研究，其中，比较有代表性的观点有三类，即高技术产业成长观、创新过程的技术进化观和创新过程的链式方程观。

高技术产业成长观由美国麻省理工学院的厄特拜克（J. M. Utterback）和哈佛大学的阿伯纳西（W. J. Abernathy）提出，他们对起源于重大技术创新的高技术产业的演化过程进行了具体的描述，并提出了 A－U 模型。A－U 理论意味着那些趋于成熟状态的产业在技术上行将消亡，此理论存在一定的局限性，A－U 模型只提供了一个有用的构造模块，它没能为理解整个技术进化提供一个综合框架。

创新过程的技术进化观的代表人物萨哈尔（D. Sahal）认为，一个组织系统的某一特定技术是通过尝试、纠错这种学习方式进化的。某一特定技术形成的自组织系统和它的持续应用与发展相互作用，就会为未来的创新活动创造技术路标。主导设计的概念与技术路标相似，萨哈尔推论，有一个通过能力的逐步提高而形成的连续成长，而技术将继续进化，而不是仅仅发展到一个特定或成熟的状态。技术进步增长的“时机”依赖于消费者环境的运作规模、技术内部的发展，以及在两个水平上同时出现的协同进化所引起的技术进步。萨哈尔强调，生物进化与技术进化有一个关键性的区别：不同的生物种类不能相互繁殖，而逐步的技术成长常常是由于几种以前互不相关的技术创造性地相互结合而实现的，即下一个进步是以技术之间的结合为基础的。

创新过程的链式方程观认为，商业上成功的创新，要求综合科学、工程、企业家精神和管理技能，并结合社会需求和支持性社会政治环境。英国经济学家布莱特（J. R. Bright）认为，技术创新过程包括使技术知识转换成物质实体，并使技术知识在具有相当社会影响的规模上可以被使用的一系列活动。因此，创新过程包括的活动不仅有发明，还有技术构思的出现，必要知识的获取，将发明向产品或工艺的转换和向社会的引入，以及创新的扩散与采用，直到产生“显著”的效果或影响。创新过程的链式方程式见图4－1。

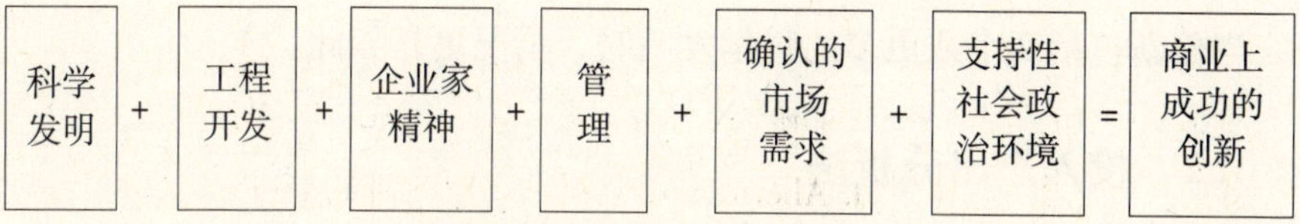

图4－1　创新过程的链式方程式

布莱特认为，创新过程的上述特性可以包括不同的发展阶段：

阶段1：创新产生于两种情况的一种或者同时由两种情况引发。一种是来自科学家的推测或发现，也可能来自从事某项活动的工程师在实际工作中的发现；另一种情况是对环境的感受或市场需求所导致，因为要满足环境的需求及市场的需要而产生了创新。

阶段 2：形成理论或设计概念。综合现有知识、技术和技能，为技术概念提供理论基础。这种综合通常是经过反复的尝试与失败后才出现的。

阶段 3：证实或检验理论或设计概念。

阶段 4：开发试验模型，在实验室演示概念的可应用性。

阶段 5：按商业规模要求对概念的不同表达形式进行评价，并加以开发。此阶段开发出原型并进行现场试验，或者在先导工厂生产少量新产品，用于市场测试或公众试验。

阶段 6：创新的初步实际应用，或商业引入。

阶段 7：创新的广泛采用。创新的使用范围足以为生产厂商产生相当数量的利润，并产生显著的社会效果。

阶段 8：技术扩散。

创新过程的链式方程式简化了复杂的社会经济与技术过程。许多创新到不了最后阶段，有些过程由于陷入技术或市场困境而被搁浅，因此创新过程不是一个简单的线性过程，当出现意想不到的干扰时，创新发展过程会转回到更早期的阶段，也可能出现多重反馈环路。一般情况下，技术扩散的潜力应尽可能在早期阶段利用。阶段之间的区分不能太严格限定，可能有几个阶段会同时发生，创新过程可以跳跃前进。过于强调阶段区分反而容易造成混乱，当创新包括两个或更多的科学发明时，情况更是如此。

1.2　投入产出分析法

投入产出分析法是研究经济系统各个部分间表现为投入与产出的相互依存关系的经济数量方法。所谓投入，是指社会生产（包括物质生产和劳务活动）过程中对各种生产要素的消耗和使用；所谓产出，是指社会生产的成果（包括物质产品和各种服务）被分配使用的去向。作为一种经济数学模型方法，投入产出分析的表现形式是投入产出模型。一个完整的投入产出模型包括投入产出表和投入产出数学模型两个方面。投入产出表是反映经济部门之间相互关系的数据资料库，是应用投入产出分析的基础。投入产出数学模型以投入产出表中各经济指标间的数量关系为依据，借用线性方程组的数学形式来反映经济系统的投入和产出的关系。考虑到行业发展的过程与趋势，我们将利用2002年与2007年的投入产出表对科技服务业与工业的关系进行纵向分析，同时横向分析2007年科技服务业与工业部门内各行业的关系。

（1）投入产出表。

投入产出表是一张二维表格，在水平和垂直两个方向上填充了大量相互关联的数据。其水平方向上表现的是各经济部门生产的产品分配使用的去向，其数量关系是各部门为其他部门（包括本部门）提供的中间产品和为社会提供的最终产品之和等于该部门的总产品，公式表示为：

$$\sum_{j=1}^{n} x_{ij} + Y_i = X_i(i = 1,2,\cdots,n)$$

其中 x_{ij} 是指 i 部门提供给 j 部门的中间产品，即 j 部门对 i 部门产品的消耗量，Y_i 是 i 部门的最终产品需求，X_i 是 i 部门生产的总产品。上式被称为投入产出表的分配平衡方程。

投入产出表垂直方向上表示产品生产过程中的各种投入要素，如固定资产折旧、劳动者报酬和社会收入（包括生产税净额和营业盈余）等。其数量关系是各生产部门的中间投入要素价值和初始投入之和等于该部门的总投入，公式表示为：

$$\sum_{i=1}^{n} x_{ij} + N_j = X_j(j = 1,2,\cdots,n)$$

其中 N_j 是 j 部门的初始投入，X_j 是 j 部门生产的总投入。上式被称为投入产出表的消耗平衡方程。

投入产出模型的一般形式为：

$$X = (I - A)^{-1}Y \text{或} X = (B + I)Y$$

其中，X 是总产出矩阵，$(I - A)^{-1}$ 是列昂惕夫逆矩阵，Y 是最终需求矩阵，A 是直接消耗系数矩阵，B 是完全消耗系数矩阵，I 是 $n \times n$ 的单位矩阵。

（2）投入产出数学模型。

直接消耗系数和完全消耗系数。一个部门要生产产品，既要消耗别的部门提供的产品，本身的产品也要被别的部门所消耗，从而构成部门与部门之间的相互消耗关系。揭示这种部门与部门之间的相互消耗关系可以用两类消耗系数来反映，即直接消耗系数和完全消耗系数。

直接消耗系数（a_{ij}）是指 j 部门每生产一单位产品对 i 部门产品的直接消耗数量，也被称为投入系数或技术系数。用公式表示为：

$$a_{ij} = \frac{x_{ij}}{X_j}(i,j = 1,2,\cdots,n)$$

直接消耗系数可以反映各生产部门之间存在的相互直接提供产品的依赖关系，即生产的技术关系，特别在生产技术没有重大变化时期间（主要指短期），可以假定它是稳定的系数。直接消耗系数的取值范围在 $0 \leqslant a_{ij} < 1$ 之间，a_{ij} 越大，说明 j 部门对 i 部门的直接依赖性越强；a_{ij} 越小，说明 j 部门对 i 部门的直接依赖性越弱；$a_{ij} = 0$ 则说明 j 部门对 i 部门没有直接的依赖关系。

完全消耗系数（b_{ij}）是指 j 部门每生产一单位产品对 i 部门产品的完全消耗数量。在各经济部门生产过程中，各种产品之间的相互消耗除了直接消耗外，还有间接消耗。完全消耗系数则是这种直接和间接联系的全面反映。在数量关系上，它等于直接消耗系数与间接消耗系数的总和。利用直接消耗系数矩阵 A 计算完全消耗系数矩阵 B 的公式为：

$$B = (I - A)^{-1} - I$$

完全消耗系数是对直接消耗和间接消耗关系的全面、综合的反映，它比直接消耗系数更全面和深入地反映了部门间的经济技术关系，有助于分析和预测宏观经济的结构和发展趋势。

中间需求率和中间投入率。中间需求率（h_i）是指 i 部门为国民经济其他部门提供的中间需求量（中间产品）与该部门的总需求量（总产品）之比。计算公式为：

$$h_i = \frac{\sum_{j=1}^{n} x_{ij}}{\sum_{j=1}^{n} x_{ij} + Y_i}(i = 1,2,\cdots,n)$$

中间需求率反映各生产部门的总需求中有多少是各部门的原材料需求，中间需求率越高，表明该部门越带有生产资料型部门的性质。由于任何产品不是作为中间产品，就是作为最终产品（消费资料），即中间需求率+最终需求率=1。因此，中间需求率实际上反映了各部门的产品作为生产资料和消费资料的比例。为此可以将中间需求率大于50%的部门定义为以提供生产服务为主的部门（生产服务业），反之中间需求率小于50%的部门定义为以提供生活服务为主的部门（生活服务业）。这样，通过计算第三产业及其内部各行业的中间需求率，可以较好地把握第三产业及其内部各行业是以提供生产服务为主或是提供生活服务为主的产业特性。

中间投入率（k_j）是指国民经济中 j 部门的中间投入与总投入之比。计算公式如下：

$$k_j = \frac{\sum_{i=1}^{n} x_{ij}}{\sum_{i=1}^{n} x_{ij} + N_j}(j = 1,2,\cdots,n)$$

中间投入率反映了该部门的总产值中外购的实物产品和服务产品（即中间产品之和）所占的比重，也就是该部门对其上游部门总体的、直接的带动能力的反映。由于总投入=中间投入+增加值（初始投入或附加值），即中间投入率+增加值率=1，因此，在总投入一定的条件下，某一部门的中间投入和增加值成此消彼长的关系：中间投入率越高，其增加值率就越低，但对其上游部门的带动能力越强；中间投入率越低，增加值率就越高，但对其上游部门的带动能力越低。从另一个角度来看，增加值也就是该部门的附加值。因此，可以将中间投入率大于50%的部门定义为“低附加值、高带动能力”的部门；反之，把中间投入率小于50%的部门定义为“高附加值、低带动能力”的部门。

影响力系数和感应度系数。产业波及是指国民经济产业体系中，当某一产业部门发生变化，这一变化会沿着不同的产业关联方式，引起与其直接相关的产业部门的变化，然后导致与后者直接和间接相关的其他产业部门的变化，依次传递，影响能力逐渐消减的过程。这种波及对国民经济产业体系的影响，就是产业波及效果。产业波及影响包括两个方面：一方面是某一部门的某一个因素（产量、价格、消费、投资、出口等）发生变化后，对国民经济部门体系产生的影响；另一方面是国民经济部门体系某一因素（包括产量、价格、消费、投资、出口等）的总量发生变化后，对某一部门自身产生的影响。衡量这两方面影响的指标分别是影响力系数和感应度系数。

在列昂惕夫逆矩阵中，纵列第 j 列的数值之和（ $\sum_{i=1}^{n} \bar{b}_{ij}$ ）反映了该部门影响其他经济部门的程度，在此将其定义为 j 部门的影响力，反映一部门生产一个单位最终产品时，对国民经济所产生的生产需求波及程度。影响力系数（ F_j ）指某部门的影响力与国民经济各部门影响力的平均水平之比，反映影响力的相对水平。其计算公式如下：

$$F_j = \frac{\sum_{i=1}^{n} \bar{b}_{ij}}{\frac{1}{n}\sum_{i=1}^{n}\sum_{j=1}^{n} \bar{b}_{ij}} (j = 1,2,\cdots,n)$$

其中，$\bar{b}_{ij}$ 是列昂惕夫逆矩阵第 i 行第 j 列元素，下同。

影响力系数反映了某一部门对国民经济发展影响程度大小的相对水平，影响力系数大于1，表示该部门生产对其他部门所产生的波及影响程度超过社会平均影响力水平，影响力系数越大，该部门对其他部门的需求拉动作用越大，对国民经济发展的推动力就越大。发展这些部门对经济增长可以起到“事半功倍”之效，因而这些部门成为国民经济发展的主导部门。

在列昂惕夫逆矩阵中，横列第 i 行的数值之和（ $\sum_{j=1}^{n} \bar{b}_{ij}$ ）反映了该部门受其他部门影响的程度，在此将其定义为 i 部门的感应度，反映国民经济各部门每生产一个单位最终产品时，某一部门由此而受到的需求感应程度，即需要该部门为其他部门生产而提供的产出量。感应度系数（ E_i ）指某部门的感应度与国民经济各部门感应度的平均水平之比，反映感应度的相对水平。其计算公式如下：

$$E_i = \frac{\sum_{j=1}^{n} \bar{b}_{ij}}{\frac{1}{n}\sum_{i=1}^{n}\sum_{j=1}^{n} \bar{b}_{ij}} (i = 1,2,\cdots,n)$$

感应度系数反映了某一部门受到国民经济发展的带动程度的相对水平，感应度系数大于1，表示该部门所受到的感应程度高于社会平均感应水平，反之则低于社会平均感应水平。感应度系数越高的部门，则代表国民经济发展对该部门的拉动作用越大。从另外一个角度来看，该部门对国民经济发展不可或缺的程度也就越高，即越具有基础部门和瓶颈部门的属性，应该得到优先发展。

1.3　科技服务业与工业行业统计界定

目前尚缺乏权威的科技服务业统计指标体系。本书采取较严格的标准界定其统计范围，只将服务业中与其直接相关的行业纳入其中，从广东统计年鉴和投入产出表中选取与界定内容有关的科学研究事业和综合技术服务业。科学研究事业指为了增加知识（包括有关自然、工程、人类、文化和社会的知识），以及运用这些知识创造新的应用所进行的系统的、创造性的活动。该活动仅限于对新发现、新理论的研究，新技术、新产品、新工艺的研制，包括基础研究、应用研究和试验发展。具体包含：自然科学研究与试验发展、工程和技术研究与试验发展、农业科学研究与试验发展、医学研究与试验发展、社会人文科学研究与试验发展。综合技术服务业包含专业技术及其他科技服务业。综合技术服务业有专业技术服务业、地质勘查、水利管理。专业技术服务业有气象服务、地震预测服务、海洋服务、技术检测、环境监测、工程技术与规划管理等；科技交流和推广服务业也包含在其中，具体有技术推广服务、科技中介服务及其他科学技术服务。考虑到研究的前瞻性和宏观性，本书采用广义的工业界定，即第二产业，包含狭义的工业部门与建筑业。

此外，为了简化42个部门的投入产出表，本书对相关项目进行合并，具体合并如下：将煤炭开采和洗选业、金属矿采选业、非金属矿及其他矿采选业、石油和天然气开采业合并为采矿业，将食品制造及烟草加工业、纺织业、纺织服装鞋帽皮革羽绒及其制品业、木材加工及家具制造业、造纸印刷及文教体育用品制造业、石油加工、炼焦及核燃料加工业、化学工业、非金属矿物制品业、金属冶炼及压延加工业、金属制品业、通用及专用设备制造业、交通运输设备制造业、电气机械及器材制造业、通信设备、计算机用其他电子设备制造业、仪器仪表及文化办公用机械制造业、工艺品及其他制造业、废品废料合并为制造业，将电力及热力的生产和供应业、燃气生产和供应业、水的生产和供应业合并为电力、燃气及水的生产和供应业，将交通运输及仓储业、邮政业合并为交通运输、仓储和邮政业，将研究与试验发展业、综合技术服务业合并为科技服务业。经合并之后，共存留 19 个部门，其中农林牧渔业属于第一产业；采矿业，制造业，电力、燃气及水的生产和供应业、建筑业属于第二产业；其余部门属于第三产业，见表 4 - 1。

表 4 - 1　投入产出分析的 19 大部门列表

序号	产业类别	部门类别
1	第一产业	农林牧渔业
2	第二产业	采矿业
3		制造业
4		电力、燃气及水的生产和供应业
5		建筑业
6	第三产业	交通运输、仓储和邮政业
7		信息传输、计算机服务和软件业
8		批发和零售业
9		住宿业和餐饮业
10		金融
11		房地产业

（续上表）

序号	产业类别	部门类别
12		租赁和商务服务业
13		科技服务业
14		水利、环境和公共设施管理业
15		居民服务和其他服务业
16		教育
17		卫生、社会保障和社会福利事业
18		文化、体育和娱乐业
19		公共管理和社会组织

2　科技服务业与工业产业关联分析

产业间的生产是相互联系的，通过直接和间接的消耗，能产生带动和制约的关系。科技服务业对工业的消耗反映的是科技服务业在生产过程中对工业产品的消耗量，也就是科技服务业对工业的依赖程度。工业对科技服务业的消耗反映的是工业在生产过程中对科技服务产品的消耗量，它反映了工业对科技服务业的依赖程度，也反映了科技服务业对工业的支撑作用。消耗系数分为直接消耗系数和完全消耗系数。

2.1　科技服务业与工业的直接消耗分析

由计算得出工业与科技服务业的直接消耗系数，如表 4－2 所示，由 2002 年的数据来看，生产 10 000 元的工业产品，需要直接消耗 6 322 元的工业产品和 15 元的科技服务业产品，可见工业对自身产品的依赖程度很高，并且不断升高，2007 年达到 6 835 元。它基本没有直接消耗科技服务业的产品，相反，科技服务业对工业的依赖程度很高，2007 年生产 10 000 元的科技服务业产品需要直接消耗4 075 元的工业产品，而对自身产品的消耗不足100 元。不过从2002 年到2007 年，无论是工业直接消耗科技服务业产品的数量，还是科技服务业对自身产品的直接消耗都有细微的上升。

表4－2　工业与科技服务业的直接消耗系数

	工业		科技服务业	
	2002 年	2007 年	2002 年	2007 年
工业	0.632 238	0.683 511	0.192 238	0.407 539
科技服务业	0.001 487	0.005 045	0.002 777	0.003 852

为了更清晰地了解科技服务业对国民经济各行业的依赖程度，通过对2007 年投入产出表的计算，得到科技服务业对各部门的直接消耗系数及其依赖程度，见表4－3。从直接消耗系数的大小来看，科技服务业对制造业的直接消耗系数达到0.398 2，占整体直接消耗系数的69.4%，说明其对制造业的依赖性最强。这意味着每生产10 000 元的科技服务业产品，需要直接消耗制造业3 982 元的产品。

表4－3　科技服务业对各部门的直接消耗系数及其依赖程度

部门	科技服务业	比例（%）
制造业	0.398 156	69.4
交通运输、仓储和邮政业	0.040 492	7.1
住宿业和餐饮业	0.032 219	5.6
租赁和商务服务业	0.021 534	3.8
房地产业	0.017 192	3.0
信息传输、计算机服务和软件业	0.015 433	2.7
金融	0.014 279	2.5
农林牧渔业	0.008 200	1.4

（续上表）

部门	科技服务业	比例（%）
电力、燃气及水的生产和供应业	0.007 602	1.3
批发和零售业	0.004 201	0.7
居民服务和其他服务业	0.004 108	0.7
文化、体育和娱乐业	0.003 948	0.7
科技服务业	0.003 852	0.7
建筑业	0.001 776	0.3
教育	0.000 839	0.1
公共管理和社会组织	0.000 131	0.0
水利、环境和公共设施管理业	0.000 082	0.0
卫生、社会保障和社会福利事业	0.000 036	0.0
采矿业	0.000 005	0.0
合计	0.574 085	100.0

2.2　科技服务业与工业的完全消耗分析

完全消耗系数是指在生产活动中第 j 部门提供一个单位最终使用时，对第 i 部门货物或服务的直接消耗和间接消耗之和，它比直接消耗系数更全面和深入地反映产业间的经济技术关系。从表 4－4 中可以看出，2002 年与 2007 年工业每提供 10 000 元的最终产品，需要直接和间接消耗工业产品数额分别为 17 213 元与 21 804 元。虽然工业对科技服务业产品的完全消耗是直接消耗的 3 倍左右，但其绝对值仍很低。2007 年科技服务业每提供 10 000 元的最终产品所完全消耗的工业产品数额达到 13 011 元，比 2002 年增加了近两倍，相比自身的 1 045 元的消耗额而言，科技服务业对工业的依赖程度大得多。

表 4－4　工业与科技服务业的完全消耗系数

	工业		科技服务业	
	2002 年	2007 年	2002 年	2007 年
工业	1. 721 274	2. 180 413	0. 524 588	1. 301 156
科技服务业	0. 004 058	0. 016 108	0. 003 568	0. 010 457

2007 年科技服务业对各部门的完全消耗系数及其依赖程度见表 4－5。从完全消耗系数的大小来看，科技服务业对制造业的完全消耗系数达到 1. 355 7，占整体完全消耗系数的 70. 7%，佐证了直接消耗系数说明的其对制造业的强依赖性。这意味着每生产 10 000 元的科技服务业产品，需要完全消耗制造业 13 557 元的产品。

表 4－5　科技服务业对各部门的完全消耗系数及其依赖程度

部门	科技服务业	比例（%）
制造业	1. 355 697	70. 7
电力、燃气及水的生产和供应业	0. 088 911	4. 6
交通运输、仓储和邮政业	0. 077 043	4. 0
采矿业	0. 068 214	3. 6
金融	0. 059 398	3. 1
租赁和商务服务业	0. 054 666	2. 9
农林牧渔业	0. 050 500	2. 6
住宿业和餐饮业	0. 043 833	2. 3
房地产业	0. 034 449	1. 8
批发和零售业	0. 030 428	1. 6
信息传输、计算机服务和软件业	0. 024 865	1. 3
居民服务和其他服务业	0. 010 098	0. 5
科技服务业	0. 007 532	0. 4

（续上表）

部门	科技服务业	比例（%）
文化、体育和娱乐业	0.005 450	0.3
建筑业	0.003 597	0.2
教育	0.001 142	0.1
卫生、社会保障和社会福利事业	0.000 824	0.0
水利、环境和公共设施管理业	0.000 704	0.0
公共管理和社会组织	0.000 223	0.0
合计	1.917 574	100.0

无论是工业与科技服务业的直接消耗系数，还是包含间接消耗的完全消耗系数，广东省工业的主导地位非常明显，不仅工业部门对自身依赖程度高，而且科技服务业也极大地依赖工业。2007 年科技服务业对电力、燃气及水的生产和供应业的直接消耗系数是 0.007 6，而对其完全消耗系数达到 0.088 9，是直接消耗系数的 12 倍。至于采矿业，科技服务业对其直接消耗系数是 0.000 005，几乎为零，但完全消耗系数达到 0.068 2，是直接消耗系数的 13 000 多倍。从对整个工业的完全消耗来看，科技服务业对工业部门的完全消耗系数 1.516 4，占整体完全消耗系数的近 80%，充分说明了科技服务业对工业依赖程度之高。要发挥科技服务业的发展对工业直接或间接的带动作用，广东省还需要进一步加强科技服务业与工业的联系，开发、应用、推广新技术，促进产学研组织的发展，建立科技推广平台。

3　广东省科技服务业对工业的供需分析

3.1　科技服务业对工业的供给分析

供给分析的重要指标就是中间需求率。中间需求率反映了某产业的产出中有多少是作为中间产品为其他产业所需求的，因此，科技服务业的中间需求率反映了科技服务业的产出中有多少是作为中间产品为国民经济各部门所需求。

根据广东省2002年投入产出表与2007年投入产出表的计算，得出表4-6工业与科技服务业中间需求率，工业的中间需求率水平很高，均在0.7以上，这说明工业产品70%以上都作为其他产业的原材料，工业作为国家经济主导产业的地位是显而易见的，从2002年与2007年的数据变化可以看出，工业的中间需求率变化不大，并且工业产品主要也是用于内部各行业，农业与第三产业使用比例不高。相比而言，科技服务业的变化水平更大，由2002年的30.1%上涨到2007年的63.4%，科技服务业的产品被需求的程度大大提升，这与广东省高新技术产业的发展及产业升级相关。科技服务业中的科学研究事业的中间需求率水平很高，甚至高于工业部门，对创新、创意产业的开发将成为广东省经济发展的趋势。综合技术服务业，尤其是科技交流和推广服务业的迅速发展，大大提高了其中间需求率的水平，从2002年到2007年，综合技术服务业的中间需求率由20.8%上升到61.3%。

表4-6　广东省工业与科技服务业中间需求率

	2002年	2007年
工业	0.723 055	0.747 664
科技服务业	0.301 313	0.633 910
科学研究事业	0.809 950	0.781 125
综合技术服务业	0.208 753	0.613 393

通过计算，我们得出科技服务业产品作为中间产品具体被以下行业需要（如表4-7所示），2007年科技服务业中间需求率是63.39%，其中建筑业和制造业对其中间需求率分别是36.22%和24.25%，第二产业对科技服务业的中间需求率达60.90%，占科技服务业中间需求率的96%。由此可见，

科技服务业生产的产品和提供的服务主要是为了满足第二产业的发展需要，特别是建筑业和制造业，构成了科技服务业需求的主体。

表4－7　科技服务业的中间需求率

部门	各部门对科技服务业的中间需求比例（%）	折合百分比（%）
建筑业	36. 22	57. 14
制造业	24. 25	38. 26
批发和零售业	0. 93	1. 47
信息传输、计算机服务和软件业	0. 61	0. 96
交通运输、仓储和邮政业	0. 46	0. 72
科技服务业	0. 39	0. 61
采矿业	0. 27	0. 43
电力、燃气及水的生产和供应业	0. 15	0. 24
住宿业和餐饮业	0. 06	0. 10
农林牧渔业	0. 02	0. 03
租赁和商务服务业	0. 01	0. 02
金融	0. 01	0. 02
教育	0. 00	0. 00
居民服务和其他服务业	0. 00	0. 00
文化、体育和娱乐业	0. 00	0. 00
房地产业	0. 00	0. 00
水利、环境和公共设施管理业	0. 00	0. 00
卫生、社会保障和社会福利事业	0. 00	0. 00
公共管理和社会组织	0. 00	0. 00
科技服务业中间需求率	63. 39	100. 00

3.2　科技服务业对工业的需求分析

需求分析的指标主要是中间投入率，即各产业在自己生产的过程中，为生产单位产值的产品需要从其他各产业购进的原料比重。通过运算，分别得出广东省2002年和2007年工业与科技服务业的中间投入率，如表4－8所示。从表中可以看出，工业的中间投入率一直保持在75%以上，且2007年比2002年上升了超过2个百分点。而科技服务业的中间投入率相对低一些，保持在57%左右，2007年比2002年增加了不到1个百分点。由于“增加值率＋中间投入率＝1”，所以某产业的中间投入率越高，该产业的增加值率势必就越低，这表明工业的增加值率，即产品增加值占总产品价值的比重要低于科技服务业，而且工业中低端产品制造业增加值率会更低。因此，要大力发展科技服务业，特别是科学应用研究、科技交流和推广服务业等与工业密切相关的行业，从而提高工业的科技创新含量，提高工业产品的增加值。

表4－8　广东省工业与科技服务业的中间投入率

	2002年	2007年
工业	0.757 523	0.779 126
科技服务业	0.568 682	0.574 086
科学研究事业	0.591 989	0.556 893
综合技术服务业	0.564 440	0.576 483

由表4－9可以看出，2007年科技服务业的中间投入率是57.41%，其中电力、燃气及水的生产和供应业对其中间投入率达到39.82%，第二产业对科技服务业的中间投入率达40.32%，占科技服务业中间投入率的70%。由此可见，科技服务业进行生产的主要原材料及中间产品主要是由第二产业提供的，特别是电力、燃气及水的生产和供应业为科技服务业的正常发展提供了坚实的物质保障。

表4－9　科技服务业的中间投入率

部门	各部门对科技服务业的中间投入比例（%）	折合百分比（%）
电力、燃气及水的生产和供应业	39.82	69.35
金融	4.05	7.05
租赁和商务服务业	3.22	5.61
卫生、社会保障和社会福利事业	2.15	3.75
教育	1.72	2.99
批发和零售业	1.54	2.69
农林牧渔业	1.43	2.49
住宿业和餐饮业	0.82	1.43
文化、体育和娱乐业	0.76	1.32
制造业	0.42	0.73
公共管理和社会组织	0.41	0.72
水利、环境和公共设施管理业	0.39	0.69
科技服务业	0.39	0.67
居民服务和其他服务业	0.18	0.31
采矿业	0.08	0.15
交通运输、仓储和邮政业	0.01	0.02
房地产业	0.01	0.01
建筑业	0.00	0.01
信息传输、计算机服务和软件业	0.00	0.00
科技服务业中间投入率	57.41	100.00

4 科技服务业与工业的经济波及性分析

由以上分析可以看出，每个产业部门的生产活动都不是独立存在的，一个部门的生产活动通过产业间的联系方式，会影响其他部门或受到其他部门的影响。感应度系数反映国民经济各部门均增加一个单位最终产品时，某一部门由此而受到的需求感应程度。感应度系数越大，该部门所受的需求压力就越大，即该系数反映部门对国民经济的制约程度。影响力系数反映某一部门增加一个单位产出时，对国民经济各部门所产生的生产需求涉及程度。影响力系数越大，该部门对其他部门的拉动就越大，即该系数反映部门对国民经济的拉动程度。用量化的办法将各产业的影响力与感应度的平均趋势作比较，掌握广东省各产业的特性，尤其是工业与科技服务业对国民经济的制约程度与拉动程度，将有利于制定正确的产业结构政策。

为了更好地反映工业与科技服务业的影响力系数和感应度系数，在数据统计时，将广东省产业划分为农业、工业、科技服务业、服务业，为了避免数据的重复加总，计算服务业时将科技服务业剔除。计算结果如表 4 - 10 所示。

表 4 - 10 广东省各产业的影响力系数与感应度系数

	影响力系数		感应度系数	
	2002 年	2007 年	2002 年	2007 年
农业	1.107 800	1.098 865	0.756 900	0.772 416
工业	1.326 906	1.363 275	2.036 328	2.386 460
科技服务业	0.962 671	1.043 080	0.398 053	0.368 151
服务业（不含科技服务业）	0.864 160	0.794 779	1.041 753	0.772 973

4.1　工业：强辐射和强制约

工业化发展阶段不同，传统工业与新兴工业的影响力系数与感应度系数变化趋势不同。工业化水平越高，新兴工业的辐射作用与制约作用越强。如表4－10所示，影响力系数和感应度系数均较大（以1为标准）的工业部门，它对经济发展的拉动作用和瓶颈制约效应都很明显，在工业下属的行业中，化学工业、金属制品业等资金、技术密集的行业，中间投入高，具有强辐射和强制约的双重性质，而工业中感应度系数最大行业——化学工业、信息与计算机产业都是高新技术产业，从表面上看，广东省产业结构在向更高的形态转变，但实际上它只是高科技产品的加工组装业，仍只属于相对劳动密集型的活动。核心技术、关键技术仍未得到突破，导致企业在竞争中处于被动局面，利润率较低。由此可见，真正制约广东省经济发展的还是科学技术水平。

4.2　科技服务业：弱辐射向强辐射转化

广东省科技服务业的感应度系数远远低于平均水平，但并不能完全表明它对于经济的制约作用微小，一方面是由于统计数据具有滞后性，另外一方面是由于科技服务业很大程度上间接作用于经济，比如科学基础研究的影响在短时间是很难发现的，从长远来看，它将为社会经济发展带来极大的促进，随着广东省工业、农业产业升级，科技服务业的感应度将会越来越大。科技服务业的影响力系数由2002年的0.962 7增长到2007年的1.043，影响力系数超过平均水平，对经济发展的拉动作用较强。

农业对整个国民经济的影响力作用仍然较大，这也是我国一直非常重视农业问题的原因之一。不包含科技服务业的服务业，影响力系数与感应度系数基本上都低于平均水平，其中的金融、物流、计算机软件服务业的影响力系数都要提高到平均水平以上，才能更好地带动经济的发展。

5 广东省工业自主创新现状及需求分析

广东省是中国经济增长最快的地区之一，也是人口密集、能源消费密度最高、各种工业资源消耗最为集中、资源浪费与环境损害较大的省份。土地紧缺、缺水严重、能源瓶颈日益显现等问题严重制约着广东工业的转型和升级，以科技、创新带动新型工业企业的发展模式已经成为广东工业的发展趋势。但不同工业企业科技创新对各种科技服务业的需求类型、需求数量不同。比如，大型工业企业对科技服务的需求可能主要倾向于研究开发服务，而中小型工业企业对科技服务业的需求可能偏向于技术转移、技术推广、孵化器和投融资服务等科技中介服务。不同规模工业企业对科技服务业的需求层次不同，直接影响科技服务业的规模、结构和水平。

5.1 广东省工业企业自主创新现状

5.1.1 广东省自主创新特点

广东省作为第一经济大省，在自主创新方面曾在全国范围内做出过很多“第一”，首建科技工业园区，首发技术市场立法，首创政府重奖科技人员制度，首创科技进步活动月，首先开展省部产学研结合试点和建立国家自然科学基金广东联合基金。2008 年广东省与科技部、教育部联合出台了《广东自主创新规划纲要》，目的是建设创新型广东。广东科技综合实力和区域创新能力位居国内前列，据科技部 2009 年、2010 年的《中国区域创新能力报告》，广东的区域创新能力综合排名居全国第二，创新的经济绩效等多项创新分指标位居全国第一。广东省自主创新的发展已经取得了一定的效果，知识产权体系逐步完善，省部产学研合作模式效果显著。

（1）知识产权服务体系逐渐完善。

全省知识产权创造、运用、保护和管理服务体系不断健全。2007 年 11

月，广东省人民政府颁布实施《广东省知识产权战略纲要（2007—2020年）》。2008年12月，国家知识产权局、广东省人民政府在广州科学城举行《关于建立知识产权高层次战略合作关系的议定书》签署仪式，省部知识产权工作会商平台由此建立。2009年5月，省委政研室和省知识产权局联合形成《知识产权是应对国际金融危机的利器——我省知识产权优势企业的做法、启示及建议》调研报告。

知识产权优势企业茁壮成长，群体迅速扩大，水平不断提高，如华为、中兴等一批自主知识产权明星企业脱颖而出，经受住了金融危机的考验，成为运用知识产权提升竞争力的典范。知识产权试点区域和优势产业正在成长，汕头、东莞、中山成为国家知识产权试点城市，深圳、佛山是国家知识产权示范创建城市。

知识产权保护，尤其是会展和行业知识产权保护深入开展，专利行政执法重心下移，专利信息服务水平有较大提高，知识产权人才培育力度加大，专利代理行业、专利代办业务等健康发展，知识产权服务能力建设不断完善。2009年，全省发明专利申请量、授权量分别达32 247件、11 355件，均居全国第一。全省PCT国际专利申请量达4 418件，占全国的55%，连续8年居全国第一。专利实施率已达86%，超出全国平均水平16个百分点。2002—2009年，广东省PCT国际专利申请量连续8年位居全国第一；2000—2009年，广东省还获得了12项中国专利金奖和数十项优秀奖，金奖数、优秀奖数和获奖总数均位居全国第一。

（2）省部产学研合作新模式成果显著。

2005年，教育部、科技部和广东省政府省部产学研合作国家层面的试点工作开始进行，经过近5年的创新实践，逐步形成了“三大推进机制”、“四大支撑体系”和“五大创新模式”的“三四五”发展格局，构建了以派驻企业科技特派员为点、以建设产学研创新联盟为线、以建立产学研结合区域示范基地为面的“点线面”有机结合的产学研合作推进体系。统计显示，近5年来，广东省财政累计投入10亿元，地方各级政府累计投入60多亿元，两部一省联合出台了《关于加强产学研合作提高广东自主创新能力的意见》和《关于深化省部产学研结合工作的若干意见》等多项政策保障文件。2009年，佛山、东莞、中山、珠海等多个地市政府所有科技项目中，产学研合作项目数量和金额比例高达80%以上。1万多名专家教授与1万多家广东企业开展了形式多样的产学研合作，累计投入超过800亿元，研发出具有自主知识产权的新产品6 000多个，形成专利超过2万项，实现产值7 000多亿元，新增利税超千亿元。

在被调查的4 400家企业中，2004年组织实施的产学研合作项目仅为202项，2009年增长到1 420项，增长了6倍；经费投入从19亿元增长到222亿元，增长了近11倍；经过几年产学研合作项目的积累，企业新增产值从128亿元增长到2 499亿元，增长了近19倍。通过产学研结合措施，企业已经成为自主创新的主体。在金融危机中，企业对高校的科技投入不减反增，2009年这些企业委托国内高校进行研发的费用比2007年增长了38%；而企业的收获更为丰盛，这些企业2009年的利税比2007年增长超过50%。

（3）创新发展人才队伍建设机制。

广东省成为中国经济第一大省，重要的原因之一是其对人才建设的重视，通过法律、政策和经济等方式，创新发展人才工作机制。曾实施院士培养引进工程、珠江学者培育工程、科技创新领军人才工程、百名技术帅才工程等，培养和引进了大批的创新性高端人才。从2004年起，广东省科技厅、各地市科技局以及相关单位相继在广州、深圳、东莞、珠海、江门等地设立“广东科技人才基地”，旨在加快科技人才培养、加快科技人才队伍建设。设立专项资金支持产学研联合，建立研究机构、博士后流动站、工程中心等。鼓励科研机构的科技成果自行产业化。

（4）不断拓展自主创新平台体系。

1991年广东省开始建设工程技术研究开发中心，1999年选择了50家省重点发展的工业大企业建立省级重点工程技术研究开发中心。2009年全省拥有工程技术（研究）中心491家，博士839人，申请专利8 044件，其中，发明专利 2 770 件，拥有发明专利总数 5 150 件，年服务企业数 11 400 家，技术市场成交合同金额 28 445 万元。

广东省重点试验室的建设在全国也处于先进地位，从 2007 年广东省统计指标看，广东省已经拥有 101 家国家及省级重点实验室。2009 年纳入广东省科技厅调查范围的重点实验室 67 家，制造业技术服务的服务数量 40 081 项，技术检查服务数量 50 527 项，技术评估服务数量 128 项，产品试验服务数量 1 219 项，新产品开发数量 261 项，拥有发明专利总数 445 件。围绕广东支柱产业的科技公共服务平台 205 家，生产力促进机构 99 家，企业性研发机构 162 家。

表 4－11　2009 年纳入科技厅统计范围的广东省自主创新平台体系

单位性质	总计数（个）	从业人员数（人）	总收入（千元）
科研院所	318	24 878	30 037 449
科技类民办非企业	74	2 175	485 073
企业性研发机构	162	61 771	83 113 660
重点实验室	67	2 247	2 279 492
工程技术（研究）中心	491	158 655	128 241 696
科技公共服务平台	205	6 745	3 638 171
生产力促进机构	99	1 824	554 826
行业协会	100	8 291	144 720

（5）培养创新型企业。

为应对国际金融危机，广东省统筹安排 2009 年至 2012 年科技专项资金 34 亿元，组织实施“百强创新型企业”培育、重点产业技术创新平台建设、主体科研机构建设、粤港澳创新圈建设、绿色照明、科技服务业培育等十大创新工程。这“十大创新工程”不仅突出优化了产业结构，还突出了自主创新能力建设，着力于培育发展一大批龙头企业、新兴产业、战略产品和知名品牌。

企业技术创新能力和创新的经济绩效较强。如广州广晟数码技术有限公司自主开发的多声道数字音频技术，申请了49项国内外发明专利，成为全球下一代DVD高清光盘标准的一部分。这标志着中国也拥有了行业的核心技术，从而大大提高了企业的附加值，带动了一大批厂商进行产品开发。

5.1.2 广东省工业自主创新存在的问题

（1）工业企业自主创新能力低下。

广东省在改革开放后，主要以跨国公司的形式进入了国际生产体系，利用区位优势、政策优势、极低制造成本和巨大市场空间等比较优势，大量承接跨国公司在生产制造部分的产业转移，形成了外源型工业化发展模式，使得广东完成了从工业化早期阶段到中期阶段的过渡。而从广东处于工业化中后期来观察，企业创新能力的低下严重影响了工业化的进一步发展。

长期以来，广东利用外资是通过招商引资方式，技术上实行拿来主义，重引进而轻消化，重国外技术而轻自主创新，没有很好地把技术引进与消化、吸收、再创新结合起来，极少真正掌握核心技术和关键技术，核心零部件和元器件依靠进口，产业自主创新能力不强，尤其是主要支柱产业的技术原创能力薄弱。虽然华为凭借1 737项国际专利成为2008年全球专利权排名第一的公司，惠州的TCL、德赛，深圳的中兴、康佳，顺德的美的、格兰仕、科龙电器等拥有专业研发机构、自主品牌和知识产权，成为具有一定国际竞争力的大型企业集团，但拥有自主创新能力的企业占总数的比例较小。尽管广东省的专利申请数量和授权数不断攀升，但发明专利占申请总量的比例不高，许多企业倾向于实用新型的设计专利。大多数广东企业在自主创新方面几乎是一片空白。广东经济在总体上仍处于低加工、低附加值、劳动密集状态。劳动密集型加工业仍然处于产业链的低端。

（2）重大科技成果数量不断降低。

从2002年到2008年全省重大科技成果登记数不断下降，从622项降到433项，下降最快的是企业申请登记的数量，从289项降至166项。重大科技成果在部门间的分布仍然是企业占有最大比重，其次是大专院校和科研院所。同时，科技成果转化水平有所提高，2002 年至 2008 年广东省技术市场的成交合同数和成交额呈持续上升状态，成交合同数从 8 265 项上升到 16 168 项，几乎增长了一倍。

表 4－12　2002—2008 年广东省重大科技成果登记数

	2002 年	2003 年	2004 年	2005 年	2006 年	2007 年	2008 年
合计数	622	669	684	588	622	480	433
企业	289	296	314	245	299	172	166
科研院所	85	74	90	98	80	97	73
大专院校	100	134	127	121	99	108	87
医疗机构	109	119	91	70	90	56	56
其他	39	46	62	54	54	47	51

资料来源：《广东科技统计年鉴 2008》，下同

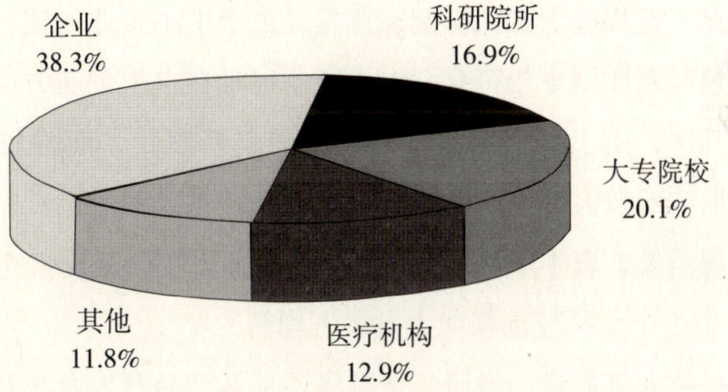

图 4－2　2008 年广东省重大科技成果登记数在部门间的分布

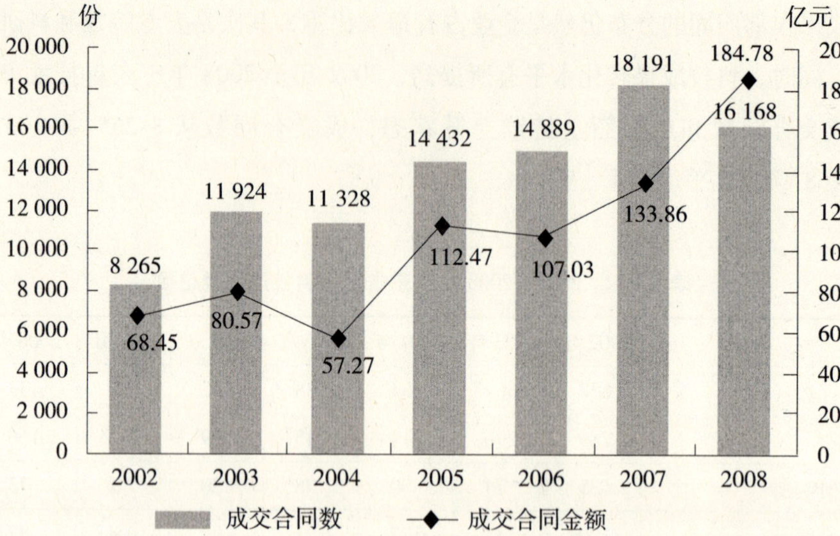

图 4－3　2002—2008 年广东省技术市场成交合同数和成交合同金额

（3）中小企业创新活动受到抑制。

中小企业已成为广东省经济发展的重要力量，但由于缺乏创新资金，自主创新活动在一定程度上受到抑制。首先，由于中小企业与银行集中资金管理模式和审慎经营原则不相符合，中小企业很难在自主创新方面获得银行的贷款支持。其次，由于中小企业缺乏优质的创新项目，面临较大的经营风险，很难获取政府较大额度的财政性资金专项扶持。最后，广东省风险投资还不适应发展需要，资本市场还无法为中小企业自主创新提供充足的资金。

（4）大中小企业科技创新能力发展不均衡。

无论是科技人员数量、科研经费筹集还是新产品开发及盈利能力，小企业都远远低于大中企业水平，如图 4－4 所示。

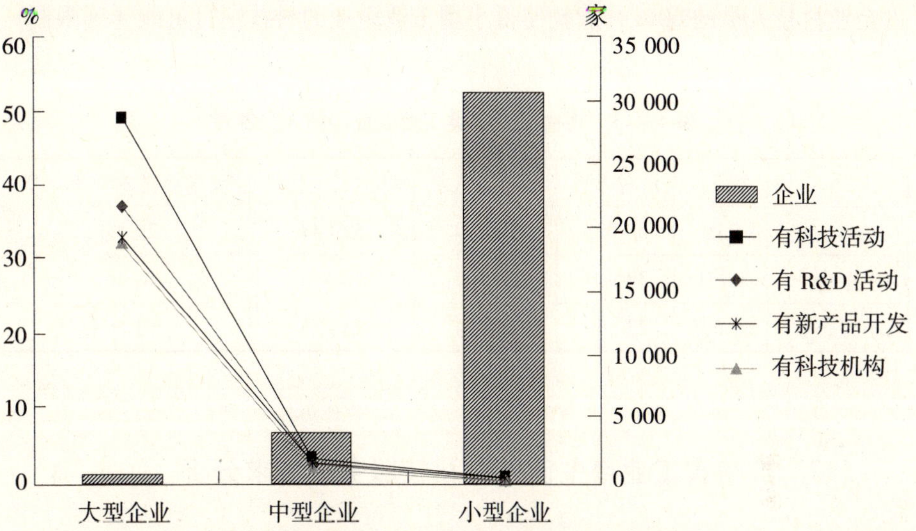

图 4－4　规模以上工业企业科技活动开展情况

尽管大型企业数目远远少于中小型企业，但它们之中有科技活动、有 R&D 活动（研发投入）、有新产品开发项目的企业占企业总数的比例均超过 30%，而中小企业却不足 10%。并且有超过 30% 的大型工业企业拥有自己的科技机构，而拥有自己科技机构、有新产品开发项目的小型企业数量不足总量的 3%，两者相差十倍之多。科技活动开展不均衡的主要原因是各类企业中科技人员、经费筹集、技术实力相差悬殊。

（5）各类工业企业科技人员比例不均衡。

根据 2004 年广东省第一次经济普查数据，规模以上的大、中、小型工业企业数量分别为 238、3 771、30 575，大型企业数量占企业总数的比例不到 7%，但大型企业的科学家工程师、高中级技术人员却占全部企业总数的 50% 左右，小型企业拥有的科学家工程师、高中级技术职称人员平均不到 1 人，科技人员缺乏。中型企业的全时科技人员与非全时人员的比例大约为 5∶3，即 8 名科技人员中有 3 名是非企业员工。大型企业全时科技人员与非全时科技人员的比例为 10∶3，全时科技人员数量较多，企业的科技项目更有人力资源保障，并且科技活动也更常规化。而小型企业的全时科技人员只占企业科技人员的60%，这就使得小型工业企业的科技项目可能受到限制。

表4-13 规模以上各类工业企业科技人员数量

	企业数	全时人员	非全时人员	科学家工程师	高中级技术职称人员
大型企业	238	53 023	16 017	52 048	25 479
中型企业	3 771	39 904	24 237	36 440	16 462
小型企业	30 575	23 160	16 794	23 455	10 563

5.2 广东省工业自主创新对科技服务业需求分析

通过对不同规模工业企业科技活动现状的分析，可以看出大、中、小型企业所拥有的人才、技术、资金差异很大，因而它们对科技服务业的需求层次不同，大型工业企业对科技服务的需求可能主要倾向于科学研究开发服务、产学研合作，而中小型工业企业对科技服务业的需求可能偏向于技术转移、技术推广、孵化器和投融资服务等科技中介服务。

5.2.1 大型工业企业需求分析

2007年，广东省大型企业的数量、人数、产值、销售等指标居全国首位，科技实力居全国前列，研发规模位居全国第一，相对中小型企业而言，科技自主创新能力较强。尽管大型企业拥有大量的科技人员，但70%以上的大型企业并未建立科技活动机构，而是将一半以上的科技活动资金用于引进国外技术、购买国内技术和进行技术改造。因此，如果能够提高科学研究与技术开发类机构的服务水平，加强产学研合作，使工业企业成为技术研发的主体之一，而不是纯粹的消费者，那么企业的研发资金就能得到更好的利用，同时对技术有更多自主权。

5.2.2 中小型工业企业需求分析

科技服务业的主要服务对象是中小型企业，广东省中小型工业企业数量占企业总数的90%以上，它们面临着科技人员不足、融资困难、新项目开发成功率低、新产品产值低等问题。在现有的人才、资金、技术、政策环境条件下，中小型企业的科技创新活动要取得突破性进展，就需要科技服务体系的支持，其中包括提供技术创新服务的技术转让中介服务体系、科技创新服务体系、专有技术服务体系，提供资金支持的金融服务体系、政策支撑体系，提供管理服务的信息服务体系、企业运营咨询（如法律事务、申报专利、制定标准、项目鉴定、立项申请等）服务体系等。

6　科技服务业全面提升广东省工业自主创新能力

自主创新能力是转变经济增长方式的根本途径，是地区经济实现跨越式发展的强大动力，是区域发展的核心竞争力。目前，广东省正处于经济转型期，并开始进入要依靠技术进步来实现经济发展的阶段，自主创新已经成为现阶段广东省经济发展和经济转型中的主导发展战略。作为创新联动的科技服务业，在促进创新体系内各参与主体间的互动、提升工业自主创新能力、实现经济发展转型等方面发挥着日益重要的作用。

6.1　科技服务业带动工业自主创新的必然性

自工业革命以来，社会化大生产的发展带来了社会分工的细化，从而降低了生产成本和提高了生产效率。然而过细的分工带来的是不同分工之间复杂和频繁的交易，造成交易的成本越来越高。为减少交易成本，中介组织应运而生，并迅速发展起来。由此可以看出，中介服务业的出现是市场经济发展的产物，是市场成熟化的表现，是保证现代市场经济能够运转的重要支持系统。科技服务业的产生和发展也不例外。

当前，世界正在进入知识经济时代，现代科学技术在经济增长中越来越起着决定性作用。科学技术是第一生产力已经成为不争的事实，科技创新也是每个国家和地区寻求新一轮发展的重要途径。作为科技创新的纽带，科技服务机构能够以专业知识、专门技能为基础，与各种类型的创新主体和市场要素建立紧密联系，为科技创新活动提供重要的支撑服务，在有效降低创新风险、加速科技成果产业化的进程中，发挥着不可替代的作用。他们活跃于技术需求者与持有者之间，通过沟通不同主体之间的技术流动，促进创新体系内各参与主体之间的互动，并通过进行技术搜寻、评估和传播，实现创新体系内部的有机联系。

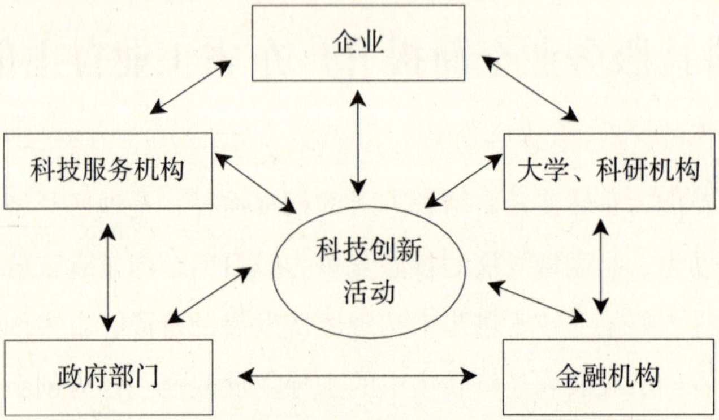

图 4－5　创新网络体系内各行为主体及其相互关系

在市场经济条件下，发展科技服务业对于全面提高地区自主创新能力、促进产业结构优化升级和国民经济的持续健康发展具有十分重要的意义。其实，早在 2002 年科技部就在《关于大力发展科技中介机构的意见》中提出，“鼓励国有企业、民营企业与科研单位联合兴办科技企业孵化器或生产力促进中心，盘活存量资产；继续支持科技人员创办科技类民办非企业单位，从事科技中介服务。”科技服务业已经成为区域自主创新体系的重要组成部分，是各种类型创新主体的黏结剂和创新活动的催化剂。

长期以来，困扰广东省科技和经济发展的一大难题是科技与经济脱节。虽然研究机构的研发能力很强，技术成果产出也很多，但很多只能停留在理论和试验阶段，难以被企业应用到实际生产之中，无法将技术成果转化为经济效益。虽然经过近年的科技体制改革，这一情况得到很大改善，但是每年仍有大量的科研成果沉淀在高校和科研机构中。主要原因就是科技服务业发展不充分，不能发挥正常的中介沟通的功能，导致企业与科研机构及高校之间无法建立有效的交流渠道。

我国一直大力提倡产学研相结合，要做到这一点，一方面应发挥政府的组织协调作用，这就是“官产学研”的观点；另一方面，对于数以千计的中小企业和科研机构、高校之间的联系，政府是不能兼顾的，更多的是要依靠科技服务业实现科技与经济、金融等的结合。近几年来，广东省中小企业发展很快。中小企业的生存、发展和竞争力在很大程度上取决于其技术创新能力和技术成果的应用能力。但受规模、资金和人才等因素的制约，中小企业不可能像大型企业一样都建立企业内部的技术开发机构，其技术创新活动的开展需要依赖于科技服务机构提供社会化的中介服务。

科技服务业是进行工业自主创新的重要支撑，在开展科技研发活动、沟通技术信息和应用技术成果等方面具有显著的促进作用，有利于降低创新研发的成本和提高产品的国际竞争力，对于优化配置广东省的科技资源，调整产业结构，实现经济增长方式转变和全面提升自主创新能力具有重要的战略意义。大力发展科技服务业，以科技服务业带动自主创新能力的不断提升是广东省未来经济发展的必然选择。

6.2　科技服务业促进工业自主创新的具体表现

科技服务业是为满足经济转型的社会需求而迅速发展壮大起来的，其功能也从以协调各方行为、化解利益冲突、保护公平竞争为主，逐步向帮助企业提高技术研发水平、改善经营管理、降低经营风险、提高生产效率、获取市场资源等方面渗透，其业务已经延伸到技术开发、经济顾问、金融证券、信息咨询、法律服务等方面，并迅速成为整个市场经济体系的重要组成部分。

6.2.1　提供科技信息咨询服务

科技服务业的科技信息咨询服务功能是促进企业自主创新的重要功能，

在创新过程中，技术提供方与技术需求方之间由于存在着信息不对称等问题，客观上需要科技中介组织的介入。科技服务企业或机构可以通过交流会、信息发布会、专业网站、出版物、专家咨询等形式为企业提供科技信息，如政府政策法规、科技成果、科技需求分析、市场动态、金融渠道、人力资源供求情况、国内及国际技术走势、企业经营战略咨询、创新战略和创新实施咨询，为企业创新发展提供决策依据。这类科技服务机构有：科技咨询机构、工程咨询机构、生产力促进中心、情报信息中心等。

6.2.2 提供技术交流与开发服务

在创新系统内部，作为技术创新系统的重要组成部分，各个行为主体之间的交流和合作也需要科技服务机构的协助和参与。科技服务机构可以利用政府的行政资源，尤其是具有一定公共性的科技局服务机构，联合社会科技力量和其他创新资源，在参与技术创新的各机构、部门、大学、科研院、企业和个人之间提供科技信息交流，使得各主体之间相互传递、交流和沟通技术、资金、市场和政策等信息。

帮助工业企业，尤其是中小型企业开发和研究新产品和新技术。进行新技术、新品种、共性技术和关键技术的推广。促进科技成果转化与技术转移，推广与传播成熟的、具有市场潜力、附加值高、产业关联度强的科技成果，为企业提供先进实用的工程化技术，为“产学研”合作提供中介服务和保证。其中，生产力促进中心、工程技术研究中心等科技服务机构发挥着较大的技术交流和开发作用。

6.2.3 提供技术交易服务

科技服务企业或机构可以通过技术市场，为交易主体各方提供交易过程中的政策咨询、专利代理、合同登记、认定和知识产权变更登记等科技服务。为成果转化提供技术评估、技术选择与需求评价服务等。这类科技服务机构主要有：科技评估中心、科技招投标机构、项目可行性论证机构、技术产权交易机构、知识产权代理或评估机构、行业协会、同业协会、律师事务所、会计师事务所、公证及仲裁机构等。

6.2.4　提供技术创新培训服务

为企业提供技术培训与技能开发服务，帮助企业进行人才选择和技能发展。可以采取讲座、短期培训、研修班等形式，为企业提供财务管理、生产标准、人力资源管理、知识产权保护、社会保险、技术创新、市场营销和国际贸易等方面的培训服务，组织国内外各种技术和管理交流，建立与外部知识系统的联系，寻求知识源，帮助企业了解新技术和现代管理方法，了解技术创新的成功案例，借鉴技术创新的成功经验，了解国内外技术创新的新发展等。增强企业的创新意识、竞争意识和市场意识，提高创新主体的创新能力。

6.2.5　为中小企业提供孵化服务

通过为中小企业提供研发、生产、经营场地、通信、网络和办公等方面的共享设施，如创业服务中心、企业孵化器、情报信息中心等，在信息、政策、管理咨询、技术诊断、市场营销、融资、知识产权、人力资源、法律咨询等方面提供全方位的帮助，降低中小企业的创业风险和创业成本，帮助和促进中小企业成长和发展。

6.2.6　提供国际化服务

提供国际科技合作的政策咨询服务，为企业引进资金、技术和人才，引进研发机构提供服务，推动实施外国政府、国际组织有关对华科技援助，构筑国际贸易平台，促进高新技术产品出口，促进创新主体与国外政府组织、非政府组织之间科技合作，提升对外科技交流与合作水平，充分利用世界范围内科技进步的最新成果，利用国际科技资源。

6.2.7　提供创新集群建设服务

创新集群是一个复杂的系统工程，建设创新集群需要从政策手段、创新主体培育、外部环境优化等方面采取综合措施。在通过产业集群功能与规模提高的同时，整合优化产业群创新体系与创新要素，建设创新集群。各类科技服务机构，如企业孵化器、知识产权机构、资产评估机构、投资融资机构、技术服务机构等，是促进经济与科技结合、将企业与研发机构联系起来的桥梁，广东省高新区科技服务体系正在不断形成，政策支持与市场需求为科技服务体系的发展创造了一个有利的体制环境。此外，要有效依托并进一步发挥大学和研究机构作为知识中心在科技创新方面的合作作用。作为高智力集聚中心的研究性大学和科研机构既是技术创新的开发者，又可为集群提供大量思想活跃、技术熟练的工程技术人才，同时也可为企业提供服务，是提升集群创新的重要动力。大学、科研机构在研发创新的同时，要与企业和风险资本合作，从而形成大学知识产权商业化。

第五章 部分国家和地区政府在科技服务业发展中作用的比较研究

科技服务机构是科技创新体系的一个重要组成部分，其成长和发展是在科技创新体系的影响下，多方面力量物化的表现和综合作用的结果。这些力量包括推动和制约科技服务体系发展的内在动力和外在动力。科技服务机构发展的内在动力即科技服务机构自身的发展动力，如竞争与协作、行业网络建设、激励和约束机制等作用力。市场需求动力是科技服务业发展的根本外在动力，而政府的驱动力也是科技服务体系发展的重要外在动力，尤其在我国这种政府主导的市场经济环境下，政府政策的作用是科技服务业发展的重要动力因素。在面对任何一个产业的发展时，无论哪一个国家，其政府都必须解决以下问题：一是确定政府与产业之间的关系，并进行有效的宏观调控；二是建立法律支撑体系；三是创造适合产业发展的社会、经济和文化环境。

1 政府在产业发展中的作用

1.1 政府的经济职能

政府在产业发展中的作用是通过履行政府经济职能来实现的。政府经济职能是政府职能的一个重要部分。政府经济职能是指政府从宏观的角度，履行对国民经济全局性的规划、协调、服务、监督的职责和功能。它是为了达到一定目的而采取的组织和干预社会经济活动的方法、方式、手段的总称。

政府的具体经济职能包括四个方面，即配置职能、分配职能、调节职能和稳定职能。配置职能是政府为了解决市场失灵而承担资源配置的职能。分配职能是政府为解决市场机制不能避免收入和财富分配的不公平而执行的职能，其主要措施是征税。政府的调节职能体现在政府试图调节市场缺陷导致的社会矛盾，减少垄断成分和外部性。稳定职能要求政府确保经济的平稳运行。

1.2 产业政策

政府对产业发展进行影响的具体方式是产业政策。产业政策的本质是政府采取措施，干预资源在产业之间的分配。其主要内容包括产业结构政策、产业组织政策、产业技术政策、产业区域政策等。

产业结构指各类资源在社会各产业部门间的比例构成和它们之间相互依存、相互制约的关系。产业结构政策指一国政府依据本国在一定时期内产业结构的现状，遵循产业结构演进的一般规律，规划产业结构逐渐演进的目标，并分阶段地确定重点发展的战略产业，实现资源的重点配置，引导国家经济向新的广度和深度发展的政策。在产业结构的各个发展阶段，都有一个或若干个与之相应的主导产业部门存在。主导产业是指在经济增长过程中起主要作用的部门，具有较高的经济增长率，能够带动整个国民经济的发展。主导产业的积极作用只有在正确、合理选择主导产业的条件下才能发挥出来。科学地论证和精心地选择主导产业部门并施以相应的产业政策，是优化产业结构，实现国民经济持续、稳定、协调发展的必经之路。世界各国产业结构演变和更替的历史表明，主导产业的变化具有规律性。从生产要素的密集程度看，主导产业的选择存在着由劳动密集型的轻纺工业向资本密集型的重化工业，再向资金技术密集型的航空、汽车等产业以及知识密集型的计算机、机器人等产业演变的趋势；从产品的经济用途来看，存在着由消费部门向生产资料部门，再向消费资料部门和服务部门演变的趋势；从产出角度看，存在着由低附加值向高附加值，再向更高附加值演变的趋势。这些趋势和特点，在各国产业结构发展所处的不同阶段，表现方式也有所不同。

产业组织政策主要是政府为了寻求最有利于资源合理配置的市场秩序，通过经济、法律、行政手段来规划产业内部企业规模和市场秩序的发展方向，处理竞争与垄断、规模经济与竞争活力之间的关系，指导产业组织形式的科学化发展。以美国为例，美国的产业政策主要是产业组织政策，其中又以反垄断为主要内容。1890 年，美国通过了第一部反垄断法——《谢尔曼法》。在此后一百多年间，美国国会又通过了一系列补充性法案来加强反垄断工作，这些法律构成了美国反垄断的基础。美国的反垄断法适用于几乎所有的行业和公司。反垄断法禁止三类违法行为：①阻碍交易的行为；②有可能大幅降低某一特定市场竞争程度的企业兼并；③旨在获得或维持垄断地位的反竞争行为。美国政府实施反垄断法的最终目的是通过促进市场竞争来保护经济自由和机会。

产业技术政策是指国家制定的用以引导、促进和干预产业技术进步的政策的总和。

产业区域政策是指政府为了实现某种经济和社会目标，以区域产业为直接对象，通过对有关产业的保护、扶植、调整和完善，参与产业或企业的生产、经营、交易活动，以及通过直接或间接干预商品、服务、金融等方面的市场形成和市场机制来影响区域布局和发展的政策的总和。

在发达国家中，日本和美国的产业政策十分具有代表性，具有较高的研究价值。

在日本，战后经济先后经历了 20 世纪 50 年代的经济复兴、60 年代的高速增长、70 年代的稳定增长和 80 年代的经济大国地位确立等阶段。其中，日本富有特色的产业政策起到了十分重要的作用。日本的产业政策已形成完整的政策体系，主要包括产业民主化政策、产业保护政策、产业扶植及振兴政策、中小企业政策、产业技术政策、竞争秩序政策、产业用地政策、海外市场开发资助政策、衰退产业合理化及调整政策、流动政策、防止公害政策、消费者保护政策等。

日本的产业政策工具大致可分为三类：第一类是通过具体的政策工具，

如财政政策、金融政策、税收政策、收入政策、关税政策、土地政策、贸易政策、汇率政策等，直接影响企业及产业的经营活动；第二类是通过制定法律和法规，如禁止垄断法、消费者保护法及公害法等，管制企业及企业的行为方式及活动范围；第三类是通过政府有关部门（如通产省）的行政指导方式，直接或间接地影响企业及产业的经营活动。

日本在不同的发展时期有不同的产业政策。在经济复兴时期（1945—1960年），日本政府的主要政策目标是尽快恢复经济，解决国内物资供应不足和失业的问题，具体的政策工具是实施经济民主化政策、倾斜式生产方式以及产业扶植政策。在高速增长时期（1960—1973年），日本政府的主要产业政策目标是按照需求的收入弹性标准和劳动生产率增长标准确定主导产业，在实施贸易自由化的同时促进产业的合理化，并及时提出产业和经济发展的中长期计划。在稳定增长时期（1973—1985年），日本的产业政策是调整能源及资源结构、调整结构性萧条产业、支持民间企业的研究开发活动。在经济调整时期（1985—1990年），日本把产业政策的重点放在纠正对内和对外的不平衡上：对内是将经济增长方式转变为内需主导型；对外是扩大出口，缩小贸易顺差。

在美国，政府一直在制定有关农业、能源、高科技和反垄断的产业政策。农业方面，美国国会通过了《农业调整法》，利用限产、限售、价格支持和信贷支持等措施提高农场主的收入。能源产业也是美国政府“二战”后干预较多的一个行业，20世纪50年代开始实行的石油进口控制、70年代初期尼克松的能源自给计划、70年代后期卡特的加强石油管制计划等都是针对能源业的产业政策。由于军事和政治原因，美国政府“二战”后非常重视扶植尖端技术产业，对研究开发活动进行大量的直接投资，与尖端技术企业签订巨额订货合同，从税收政策上给予风险投资以优惠，等等。此外，美国政府还实施政策促进落后地区的经济发展。1965年通过了《阿巴拉契亚开发法》，政府拨款援助这一地区的开发，后又通过《公共工程和开发法案》，向更多的地区提供开发援助。除上述主要产业政策外，针对制造业中垄断行为的反垄断政策和对自然垄断行业的管制政策，在美国战后的产业政策中占据重要地位。

1.3　政府管制

政府对行业，尤其是竞争性行业发展施以影响的另外一个重要方式是政府管制。管制是产业所需要的并为其利益所设计和操作的一种法规，是国家强制权力的运用。各种经济活动，在生产、批发和零售的每个阶段都受到某种类型的管制。政府的政策及其行动影响着企业活动的每一个方面，从价格、产量到利润，从生产技术到产品标准，无所不及。

政府对竞争性行业的管制，具体有以下几种形式：

第一种形式是控制产品的价格。价格管制常常对销售量、货物或服务和其他商业交易条件产生多方面的影响。20 世纪 80 年代美国的民用航空委员会的飞机票价管制是运用价格管制的例子，加利福尼亚州内市场飞机票价同东海岸洲际市场类似航线票价之间比较，显示出受管制的与未受管制的厂商的票价存在着重大的差异。

第二种形式是政府对希望在市场上销售产品的生产者发放许可证和营业执照。在美国，根据 1935 年的《汽车运输法》，州际商业委员会通过经营权利的授予来控制进入货车运输业。在该法颁布之前，已存在的运输路线被自动保留在运输业中，新增的路线要得到许可，且许可证书规定了货物种类和特定的标准。

第三种形式是制定行业标准。管制机构一方面可能规定一种产品使用的原料的类型，另一方面可能规定生产的方式或禁止某些工艺的使用。例如饮食、用工等方面的安全与保健管制和药品生产行业颁布的相关条例。为规范企业的行为，各国政府普遍制定了一系列措施。要求生产者在交易之前向消费者公开某些信息。

第四种形式是税收和补贴。一方面，征税可以作为调整产业结构、改变企业行为的手段；另一方面，政府可以用补贴的方式来鼓励某些行业的生产，或鼓励使用某种投入，或鼓励消费某些商品。

为促使科技服务业在国家经济发展中更有效地发挥作用，各国政府都十分重视具有产业优势和市场前景的科技服务业的基础研发工作，并努力提高企业创新能力。一个国家的经济竞争力最终取决于产业技术的水平，促进科技与产业结合，通过面向市场持续不断的科研开发来提高企业的竞争力，是国家增强竞争实力的重要措施。

2 发展科技服务业政策的共同特点

2.1 促进科技服务业发展的法律建设

经济发达国家发展科技服务业的共同做法是政府通过立法、政策导向，推动、引导科技服务企业的发展。完善的政策与法律法规体系是科技服务机构发展的基础，是保证科技服务机构健康发展的制度条件。

美国政府对科技服务业的作用主要体现在宏观管理、政策法律体系建设和市场培育规范运作方面，其中，最主要的是为保障和促进科技服务机构发展制定和实施相应的法律法规。美国的科技服务业相关法律法规是发达国家中最完善的，健全的法律体系维护了科技服务业市场的健康发展，使得美国成为国际科技服务业中最具实力的国家，市场规模占世界市场的一半以上。

美国各级州政府及联邦政府对科技服务机构的支持首先是制定和实施相应的法律法规，并将其作为保障和促进科技服务机构发展的根本性措施。美国国会制定和颁布了一系列与技术创新活动和技术信息服务有关的法律法规，如1980年的《贝尔—多尔法案》，该法案规定，大学、非营利性机构和小企业在联邦政府经费支持下进行的发明，拥有权可以归自己所有，该法案也赋予由政府拥有和运营的实验室排他性转让其专利技术的权利。1980年的《史蒂文森—威德勒技术创新法》明确了联邦政府有关部门和机构及其下属的联邦实验室技术转让职责，规定凡是年预算在2 000万美元以上的联邦实验室，必须设立专门的研究与技术应用办公室从事研究成果的技术转让，各联邦机构将其研究开发预算的0.5%用于支持下属实验室研究与技术应用办公室的工作。1982年的《小企业创新研究法》规定对所有R&D经费超过1亿美元的部门，要抽取1.25%的经费用于资助中小企业进行技术创新活动。1986年的《联邦技术转让法》提出，联邦政府雇用的科研人员对于职务发明专利的技术转让收入，可提成一部分（个人所得不少于15%）。对参加联邦实验室合作研究的企业，不论规模大小，均可以享有成果权，从而调动了企业投资应用联邦实验室技术成果的积极性，此举旨在通过法律法规推动技术成果的转移转化。1988年的《综合贸易与竞争法》强调加强技术转让，根据此项法律，美国成立了国家标准与技术研究院，建立区域制造技术转让中心。1995年的《国家技术转让与促进法》赋予企业充分的知识产权，并允许非联邦合作伙伴选择专利许可，以此来激励合作研究产生技术的商业化。1997年的《联邦技术转让商业化法》把技术转让与经济利益紧密联系起来，并进一步对技术的产权给予保护。2000年的《技术转让商业化法》赋予联邦机构对其发明进行专有或部分专有许可的权限、增加了中小企业优先条款。这一系列法律旨在扫除创新主体的创新障碍、营造创新主体的创新氛围、鼓励创新主体的创新活动、保护创新主体的经济利益。

日本近十年来也先后制定和颁布了多部旨在促进科技中介机构发展的法律。1995年的《科学技术基本法》强调增加科研投入、加强研究开发的基础设施建设以及促进产学官联合的研究开发。1996年的《科学技术振兴事业团法》力图在推动基础研究的同时，开展与科技信息流通和研究交流相关工作，以促进新技术基础研究、开发以及成果推广，从而实现科学技术振兴。1998年的《促进大学等的技术成果向民间事业转移法》设立“产业基础整顿基金”，以促进大学以及国立公立研究机构的技术成果向企业转移。1999年的《重振产业生命力特别措施法》旨在进一步营造更为宽松的环境，在计划、指导、股票、资金、税收和就业方面采取有效措施，推动经济良性快速发展。2001年的《中小企业创新促进法》旨在为中小企业开展创新活动提供支持。

日本制定了这些法律法规并依法设立了专门的机构，这些机构负责协调与监督、消除技术转移过程中的技术性障碍、明确各环节的利益与职责、提高资金的分配比例和优先事项等。这种法制化的管理方式，符合市场经济的传统和规律，规范了科技中介机构的主体职责，引导科技中介业关注科研机构和企业的技术创新，使科技中介服务在技术成果与市场之间架起转化的桥梁，并确保了政府的支持政策落到实处，从根本上保证和支持了中介机构的健康发展。

韩国于1967年制定《科技振兴法》，把科学技术部从企划院中独立出来，成为专门协调科技振兴的一个部门。企业本应当成为开发产业技术的主角，但当时韩国企业研究开发能力很弱，还不足以依靠自己的力量选定最佳技术和消化改良引进技术。政府便主动代替民间企业设立科研机构，发挥技术引进及开发的媒介作用。20世纪80年代后韩国树立“技术立国”的思想理念，在政府的引导下，大企业对研发日益重视，投入也不断加大，韩国的产业技术取得突破，产业结构快速升级。

法国针对本国20世纪90年代在以信息技术为代表的高新技术竞争中失利的状况，制定了《创新与科研法》，以解决“创新”这个核心问题。该法主要是为了改变由于公共科研与企业缺乏有效合作体制以及技术转让体制不健全而造成技术地位与科学水平不相称的情况。《创新与科研法》鼓励公共研究机构的研究人员向企业流动，科研人员可以通过创办企业、担任科学咨询专家、为企业注入资本、担任企业行政理事等方式参与企业的运作。该法明确加强了公共研究与企业之间的合作，通过建立科技孵化器体系和研究成果转化部门，促进技术成果的转让和转移，同时明确技术学校和职业专科学校与企业所签协议的法律地位，鼓励公共科研机构对外开放。该法还为创新企业提供了财政框架，具体方式有建立企业创建者股份登记凭单制度、改进创新投资的公共基金制度、设立科研税收信贷办公室等。

《香港生产力促进局条例》就中国香港生产力促进局的建立与组成、理事会及职能等进行了明确规定。香港拥有健全的法制及知识产权保护制度，在香港进行科研和成果转化的活动，知识产权均可得到有力的保障。中国台湾1999年实施的《科学技术基本法》带动了技术交易服务业的发展。

在中国内地，北京和上海都出台了促进科技服务业发展的地方性科技法规、规章和政策性、制度性文件，为京沪两地的科技服务业发展提供了重要的法律支持。

表5-1 部分国家和地区与科技服务业发展相关的法律法规

国家（地区）	法律法规
美国	《贝尔—多尔法案》
美国	《史蒂文森—威德勒技术创新法》
美国	《小企业创新研究法》
美国	《联邦技术转让法》
美国	《综合贸易与竞争法》
美国	《小企业促进法》
美国	《国家技术转让与促进法》
美国	《联邦技术转让商业化法》
美国	《技术转让商业化法》
日本	《科学技术基本法》
日本	《科学技术振兴事业团法》
日本	《重振产业生命力特别措施法》
日本	《中小企业创新促进法》
日本	《日本中小企业事业团法》
日本	《创造新事业促进法》
日本	《经济改革和创新行动计划》
日本	《促进大学等的技术成果向民间事业转移法》
韩国	《科技振兴法》

（续上表）

国家（地区）	法律法规
法国	《创新与科研法》
中国香港	《香港生产力促进局条例》
中国台湾	《科学技术基本法》
中国台湾	《中小企业发展条例》
中国北京	《关于鼓励兴办民营农业科技服务组织和吸引高新技术的意见》
中国北京	《北京市鼓励设立中外合营人才中介服务机构暂行办法》
中国北京	《北京市科技中介机构享受财政专项资金认定办法》
中国北京	《北京市技术市场条例》
中国北京	《进一步做强中关村科技园区的若干意见》
中国北京	《首都创业孵化体系建设纲要》
中国北京	《科技企业孵化器（高新技术创业服务中心）认定和管理办法》
中国北京	《中关村开放实验室实施试行办法》
中国北京	《促进中关村科技园区产业技术联盟发展的实施办法》
中国北京	《北京市科技型中小企业技术创新资金管理办法》
中国北京	《北京市支持高新技术成果转化项目等税收政策实施办法》
中国北京	《北京市财政支持高新技术成果转化项目等财政专项资金实施办法》
中国北京	《北京市专利实施资金管理办法》
中国北京	《北京市保护知识产权专项行动实施方案》
中国上海	《上海市技术市场条例》
中国上海	《上海市促进高新技术成果转化的若干规定》
中国上海	《上海市科技型中小企业技术创新资金管理办法》
中国上海	《上海市科技企业孵化器孵化企业（项目）入驻管理办法》
中国上海	《上海市产权交易市场管理办法》
中国上海	《上海市科学技术委员会科研计划项目研究成果知识产权管理办法（试行）》
中国上海	《上海市大学生科技创业基金管理办法（试行）》
中国上海	《上海市创业投资风险救助专项资金管理办法》
中国上海	《上海工程技术研究中心建设与管理办法（暂行）》

2.2 科技服务业实行行业自律性管理

发达国家的政府本身并不直接管理科技服务机构，而是通过法律、法规给予科技服务业以巨大的发展空间，政府把一部分原属于政府的职能，如行业管理、项目评估、市场监管等，统统委托有关中介机构去做。

日本的中介行业管理很成功，在政府法规和政策指导下，由各种工业会履行对所属企业的行业管理职能。工业会与政府的业务主管局、通产省、大藏省共同研究有关技术政策、环境保护和税务财政等问题，向会员传达政府的法令和政策，提出本行业的要求、意见和建议，使企业的发展目标与社会发展目标保持一致。

美国的行业协会在促进美国经济发展过程中发挥着独特的作用。它是为达到共同目标而自愿组织起来的同行或商人的团体，是企业按照各自需要自下而上自发组织起来的，进行行业自律管理。美国的科技行业协会在代表会员利益与政府及议会沟通协调时，也对行业内的成员加以约束，如果发现有违反行业规范、搞不正当竞争、损害同行或消费者利益的会员，协会将采取惩罚措施，如取消会员资格、禁止在本行业从业，甚至向法庭起诉。

2.3 构建政府科技服务业机构组织

直接资助建立国家科技服务机构。譬如，在技术转让方面，美国成立了国家技术转让中心（NTTC）和联邦实验室技术转让联合体（FLC）。此外，美国政府对科技信息的传播和技术标准的制定也非常重视，专门资助成立了国家技术信息服务中心（NTIS）和国家标准技术研究院（NIST）。美国政府认为，科技信息传播是公共性的事业，能使全社会受益，同时其直接商业价值不明显，故需要政府推动。行业和工业技术标准的制定，也需要一个超越具体企业利益、不偏不倚的协调和组织者，同时考虑到消费者的利益以及国际协调，这个角色非政府莫属。

美国政府的各职能部门在技术创新服务活动中发挥着各自不同的作用，

具体而言，国会中的相关常设委员会为技术创新服务提供法律依据；联邦政府及地方政府为技术创新服务活动营造环境；各行政部门和小企业管理局等独立机构为技术创新服务活动提供具体的支持与指导，所有这些机构共同支撑技术创新服务体系。这类机构包括中小企业管理局、各种服务于技术创新服务的机构等，它们大多是联邦财政预算支持的、政府推动技术创新的科技服务机构。

为促进科技服务业的发展，德国政府要求国内各高校、科研机构建立广泛的技术转移机构（ATI），并建立代表政府负责管理中小企业的共同研究基金机构如工业研究联盟、工业研究协会及其联合会、工商会创新咨询服务站等，同时支持建立独立的技术转移和创新咨询机构。德国技术转移服务机构主要有德国技术转移中心、史太白技术转移中心和弗朗霍夫协会。三者具有不同的分工：德国技术转移中心是全国性非营利公共组织，面向企业提供无偿服务，主要包括技术交易服务、咨询服务和专利及信息服务，提供最基本的技术供需、专利等的信息查询和简单的咨询服务；史太白技术转移中心是德国最大的技术转移服务机构，以市场化运作，担当政府、学术界与工业界的联系平台，从各类型顾客的需求出发，致力于技术创新全过程的各阶段，提供全方位的服务，包括深层次的技术咨询、研究开发、人力培训、国际性技术转移以及企业管理运营方面的服务；弗朗霍夫协会是半官方半企业性质的全球性应用科学研究推广机构，凭借自身的物质基础（实验室、仪器设备等）和高校的人力资源形成属于自己的研究所，直接为德国各中小企业提供技术创新和研发的服务。

1997 年亚洲金融危机爆发后，香港特区政府对科技服务业的重要性有了较为深刻的认识。1998 年 3 月，行政长官特设的创新科技委员会宣告成立，并于 1998 年 9 月和 1999 年 6 月相继发布两份报告，建议香港同时朝着以下两个方向发展：一是培育由知识带动及科技密集的经济活动；二是通过创新及科技应用，促进传统产业升级。2000 年 7 月，主导香港创新及科技的专门机构——创新科技署宣告成立，其主要职能有：支援应用研究及发展、科技转移及应用；培养社会的创新科技风气，促进科技创业活动；制定、发展和推行政府的政策、计划及措施，以推动创新及科技；协助提供科技基础设施，协助发展人力资源，以支援创新及科技；推广国际认可的标准和合格评定服务。为统筹创新及科技政策的制定及推行工作，确保在推动各项发展计划时有效地发挥协同效应，香港政府于2004年1月成立了创新及科技督导委员会。目前，香港已经初步形成包括创新科技署、创新及科技督导委员会、商务及经济发展局、教育局等机构在内的政府部门架构。

表5-2　部分国家和地区的政府科技服务机构和组织

国家（地区）	机构名称
美国	国家标准技术研究院（NIST）
美国	国家技术信息服务中心（NTIS）
美国	小企业管理局（SBA）
美国	联邦实验室技术转让联合体（FLC）
美国	小企业发展中心（SBDC）
美国	技术转移办公室（ORTA）
美国	国家技术转让中心（NTTC）
德国	工业研究联盟
德国	工业研究协会及其联合会
日本	科学技术振兴事业团（JST）
日本	中小企业事业团（JASMEC）
中国香港	创新科技委员会
中国香港	创新科技署
中国香港	创新及科技督导委员会

2.4　构建科技服务网络促进自主创新发展

中国工业的发展已经进入以自主创新为主导的战略发展阶段，要实现自主创新发展，就必须依靠科技创新。科技服务机构是各种类型创新主体的黏合剂和创新活动的催化剂，是技术创新转化为企业效益与竞争力的重要途径。技术创新是企业发展的原动力和核心竞争力，企业是技术创新的主体和获益者。科技服务机构的发展建设是提升企业竞争力的重要途径。发达国家和地区在技术创新和构建创新体系上提出了系列政策，在促进自主创新发展上起到了非常重要的作用。

从欧盟的创新政策发展历程来看，创新政策经历了三个阶段，即科学政策阶段、科技政策阶段和创新政策阶段。欧盟提出，第三代创新政策是把科技政策与促进市场竞争、增长就业、提高教育水平等决定经济增长的传统政策相融合，强调建设促进创新的总体社会环境，强调中央政府和地方政府在鼓励创新方面要发挥更为重要的作用，从单纯的科技政策转向科技政策与产业政策、经济政策相结合及互动，形成一个创新政策体系。

世界各国尤其是发达国家政府出台系列政策积极推进科技服务的网络化进程，包括城市网络、区域性网络和国际化网络。科技服务的网络化作为虚拟的科技中介服务形式，实现了虚拟空间中不同信息资源的高效整合与对接，提高了创新要素与运行主体的效益和竞争水平。由美国俄亥俄州政府实施的“托马斯·爱迪生工程”，通过州政府和工业界与大学合作，在该州建立起相对完备的企业技术网络，大大加强了该州的企业技术创新服务环境。“托马斯·爱迪生工程”建立了 11 个孵化器，它们既相互独立、各有侧重，又在活动和服务的提供上互相支持、互通信息。

覆盖全欧洲的创新中继中心网，是由欧盟委员会利用“创新和中小企业计划”的资助建立的。该中心网包括 68 个中心，通过互联网的方式互通信息、互相支持，从而成为欧洲最重要也最成功的科技中介服务网络。

瑞典政府以大的科技计划支持建立技术创新和成果转化服务网络。这类科技中介机构的突出代表是瑞典“能力中心计划”建立的 28 个能力中心和“国家中小企业技术转移计划”建立的一批向中小型科技企业提供技术转化服务的机构。“能力中心”是瑞典科技创新体系中促进技术创新和产业化的一种全新的科技服务组织，它将政府、研究开发机构和企业的资源组成一个紧密的网络，让政府和研究开发机构的资源直接参与企业技术创新的全过程。从事长期目标的技术创新和产业化活动促进了政府、研究开发机构和企业三者之间的紧密结合，实现了科技创新资源的优化配置，提高了企业技术创新和产业化的能力。

中国香港政府的相关部门相继出台优惠政策，通过多种渠道推进科技服务业的发展，为产业自主创新服务。例如，针对科学研究与发展较为落后的现状，香港政府采用财政支持的手段进行扶持。香港政府于 2010 年推出“投资研发现金回馈计划”，为本地公司在科技研发所作的投资提供 10% 的现金回赠，并鼓励企业与本地科研机构长期合作。香港政府还一直通过“粤港加工贸易转型升级专题专责小组”等途径与内地相关部委保持联系，共同促进港资企业的产业升级。

2.5 支持中小企业科技创新

德国政府积极资助向中小企业转让科研成果的科研机构，加强筹措创建基金和风险基金，强化中小企业与科研单位、科技服务机构的合作研究。如政府对向中小企业转让科研成果的科研机构和咨询机构给予资助，通过改善中小企业吸收私人风险资本的大环境和通过专门的投资计划来支持中小企业进行技术创新活动。德国政府还建立代表政府负责管理中小企业共同研究基金的机构如工业研究联盟、工业研究协会及其联合会、工商会创新咨询服务站等，同时支持建立独立的技术转移和创新咨询机构。通过制订各种计划，支持中小企业创新和科技服务机构的发展，推动科技与经济的紧密结合。根据社会对促进技术创新活动的实际需要，及时针对技术创新过程中遇到的问题制订各类计划，在这些计划的实施过程中，企业、科技服务机构以及大学和科研机构形成了一个共同开展技术创新活动的网络。政府通过科研经费这个杠杆，架起了科研机构、企业和科技服务机构的工作、交流平台。

韩国政府采取了各种措施促进中小企业技术创新。韩国中小企业技术创新按照政府实行的政策，可分为三个阶段：20 世纪 60 年代的技术引进阶段；70 年代的技术消化吸收阶段；80 年代以后的技术创新阶段。经过 40 年的变化和发展，韩国中小企业技术创新政策已发展成为比较完善的技术创新政策。韩国现在实行的中小企业技术创新政策约有 95 项，其中，中小企业厅实施的有 41 项、财政经济部实施的有 14 项、科学技术部和产业资源部实施的各有 11 项、情报通信部实施的有 8 项等。从扶持类型来看，资金扶持的有 47 项、租税优惠的有 22 项、技术人才扶持的有 16 项、提供技术信息的有 13 项、扶持销路和其他的有 24 项。

1994 年和 1995 年，英国政府相继发表了《竞争力：帮助企业取胜》和《竞争力：稳步向前》，把促进以企业为主体，以市场为导向的技术创新活动视为提高国际竞争力的关键。英国政府为提高英国制造业竞争力，于 1995 年推出“创新创造计划”，共投资 1 亿英镑，支持研究机构与企业合作研究，以解决企业提出的技术问题。

中国港台地区技术创新服务的主旨是促进中小企业进步，推动产业升级。为促进技术创新，台湾有关当局制定了一系列的科技计划政策和相关规定条例来支持技术创新服务，如中小企业技术引进服务计划、品质提升计划、中小企业发展条例、中小企业辅导体系建立及辅导办法等。这些政策的主要特点是以项目和计划为载体培育需求市场，通过设置中小企业发展基金等措施促进技术创新服务机构的发展。香港特区政府制定的技术创新服务政策多以计划和项目为载体，力图推动各类机构为提高香港的产业竞争力和促进中小企业发展提供服务，如小型企业研究资助计划、中小企业营运设备及器材信贷保证计划、中小企业市场推广基金、中小企业培训基金、中小企业发展支援基金等中小企业资助计划。

3 发展科技服务业政策的差异分析

3.1 美国以专项计划推动科技服务业发展

美国政府对科技服务机构的直接支持大部分是以计划为载体进行的，联邦政府通过不断推出科技服务业发展的专项计划，促使企业、大学和研究机构共同参与科技创新，特别是一系列与商业性技术开发有关的重大科技计划，增加了技术创新系统中各要素间的互动。如小企业技术创新计划（SBIR）将科技基金用于中小企业的技术创新，使得中小企业的技术创新得到了迅速发展，提高了中小企业的竞争力；合作研究开发计划（CRADAS）旨在促进国立研究机构和企业合作研究；制造技术推广合作计划（MEP）为制造业中小企业提供成果转化相关的技术、管理、人才培训等服务；先进技术计划（ATP）鼓励企业投资于潜力大、高风险的新技术，使技术尽快产业化和商业化；小企业技术转移计划（SBTTR）将政府在大学和国家实验室投入的 R&D 成果，转移到中小企业进行商品化；地区技术转让计划致力于转移航天航空领域的高新技术；国防技术再投资计划鼓励发展军民两用技术，促进民用技术与国防工业的结合。

这些计划的实施，极大地促进了科技成果的商业化，在美国科技服务业的发展中起着极为重要的作用。

3.2 日本以创新政策构建科技服务业发展环境

日本在 20 世纪七八十年代开始了它的经济腾飞，其经济发展的强劲势头保持了几十年。日本经济的成功源于日本政府制定了一系列推动技术创新的政策，并建立起完善的官产学研相结合的技术创新服务体系，为技术创新各方主体创造宽松的环境，推动技术创新和科技服务机构发展，发挥了科技服务业对经济发展的巨大支撑作用。其政策主要体现在资金环境建设、科技成果转化和人才激励三个方面。

在资金环境建设上，日本政府建立支持科技发展的基金：一是以政府部门主管、国家出资为主的、为实施某项国家政策或法律而设立的基金，二是以社会企业财团等出资设立的纯民间基金。政府基金是依据某项法律而设立的，是“特别认可法人”，即某个产业政策的实施机构，目的是为国家政策服务，在政策允许范围内向符合条件的企业提供金融方面的服务。日本的投融资政策主要是为促进社会的研究开发和产品创新，政府设立专为民间新产品研究开发提供服务的中介机构，并制定通过这些机构向民间进行投资和融资的优惠政策和制度，如基础技术研究促进中心、生物系特定产业技术研究推进机构等。政府还通过扩大开创新产业的融资范围、减免法人税等措施对企业技术创新提供资金支持；政府要求有关省厅协调配合，提高与新产业直接相关的技术开发补助金和委托开发金比例，加速产学官共同研究；向新开创的企业选派懂市场、财务管理和法律知识的专家为其提供指导。

日本的科技成果转化政策主要是通过降低专利使用费用来降低技术交易成本，并通过实施科学振兴经费、科学研究补助、大学连携型产业等项目以推动产学官合作。

日本的人才激励政策主要是设立政府基金以培养风险投资型企业经营管理人才、培养创新型人才、提高职工素质和开展再就业培训等。

3.3 北京市创新发展科技服务模式

北京市的科技服务业不管是其规模，还是其科技服务能力在全国范围内都处于领先地位，为了科技服务业的创新发展，北京市政府出台了系列政策，在扶持科技服务机构创新发展模式上在全国起着示范作用。2005 年，北京市科委在“现代服务业促进”主题计划中设立了“科技中介服务专项”，具体包括科技咨询服务专项、技术转移服务专项、孵化器专项和大学科技园专项四项。在专项实施的过程中，北京市科委发现并扶持了一批服务模式各具特色的试点机构，总结科技中介机构的成功做法，凝练成十二种创新发展科技服务机构的模式。

第一，联合体型，即联合大型企业，建立成果转化联合体。第二，农业技术推广型，以市场需求为导向，依托院所技术优势，集成推广农业技术。第三，技术引进集成型，买进国外关键技术，集成国内科研成果，向企业进行推广。第四，示范推广型，建立样板工程，推广高校成果。第五，风险管理探索型，吸收国际先进咨询经验，实现风险管理本土化。第六，咨询托管型，深入企业，提出咨询方案并提供全程化实施辅导。第七，研发外包型，建设研发服务平台，助推研发外包企业快速成长。第八，快速融资型，提供简便快捷的融资服务，实现企业与孵化器共同发展。第九，科技条件开放型，引入市场机制，推进科研成果快速转化。第十，技术拍卖型，开展技术成果评估，通过技术拍卖实现技术转移。第十一，资本运作型，通过资本运作实现技术转移。第十二，集成科技资源型，依托院所优势，集成科技资源，为企业提供专业服务。

北京市政府通过专题展览、媒体宣传、大会推介等多种方式，对这十二种典型模式进行了广泛的宣传，对科技服务行业的发展起到了良好的示范带动作用。北京市科技服务业已初步形成国有、股份制、民营等多种所有制共同发展的多元化格局。

3.4 江苏省创新发展科技创业公共服务平台

江苏省科技厅于2005年在国内率先启动建设江苏省科技创业公共服务平台。该平台立足江苏省高新技术特色产业和区域经济发展需求，以科技创业公共服务能力建设为核心，以综合性、专业性和区域性三大类科技创业公共服务为重点，为种子期、成长期的科技创业企业提供公益性、基础性的公共专业技术服务和综合配套服务，为江苏省科技创业服务体系建设提供技术支撑。江苏省科技创业公共服务平台由综合性创业服务、专业性创业服务、区域性创业服务三个子平台组成。

综合性创业服务子平台由创业辅导与培训服务系统、创业投资服务系统、技术转移与技术产权交易系统和网络信息服务系统四个系统构成。专业性创业服务子平台则包括江苏省软件创业服务中心、江苏省集成电路创业服务中心、江苏省工业设计创业服务中心和江苏省生物医药创业服务中心四个服务中心。区域性创业服务子平台是按区域性、综合性要求，重点支持和扶持苏北地区创业服务中心扩大孵化规模、集成服务内容、规范服务方式、提升服务能力的平台。

江苏省科技创业公共服务平台的建设既为全国各省提供了示范，又为本省科技创业发展提供了有效的技术支撑和良好的技术环境。

第六章　构建基于工业自主创新的广东省科技服务业发展政策支持体系

科技服务业作为一个独立的产业已经在经济制造业服务化的背景下迅速发展起来，在企业自主创新中发挥着重要的作用，使企业科技成果转化的效率越来越高。企业竞争力的大小在很大程度上将取决于科技服务机构能力的强弱，科技服务企业能够服务企业创新，推出高科技含量的创新产品。随着制造业向服务领域的延伸，工业的自主创新也包括服务的创新。科技服务还能提高工业企业、制造业企业的决策和应变能力，使企业在竞争中处于有利地位。

科技服务业在科技创新中发挥着桥梁和润滑剂的重要作用，主要是为工业创新和产业化提供信息咨询和技术支撑服务。广东省，甚至中国还没有基于工业自主创新的、促进科技服务业发展的特别政策。而一套政策体系的制定与实施，对经济社会的影响是广泛而深远的，因此，政府制定促进科技服务业发展的政策体系必须对该产业进行系统的研究分析、持续跟踪调查和评估，既要系统分析作用对象的基本政策内容，又要分析政策所处层级，在此项研究中，主要关注省级层面的政策。同时进行空间和布局因素分析和时序变化因素分析，最终形成纵横交错、结构合理、时空有序的四维度的政策体系，避免出现功能性损耗。

1 横向政策

横向政策分析维度是四维普适政策体系分析框架的核心，它以政策执行客体即政策内容为分析对象，由现行政策基本内容体系构成。就促进科技服务业发展而言，应包括：支持科技服务业发展的体制改革政策；支持科技服务业创新的税收政策；支持科技服务业发展的贸易政策；支持科技服务业创新发展的经济政策；支持科技服务业创新发展的产业政策；支持科技服务业发展的技术政策；支持科技服务业发展的人力资源政策；支持科技服务业创新发展的国际合作政策，等等。横向政策主要体现政府政策的激励功能。政府通过制定和实施财政、产业、技术、贸易、人力资源管理等方面的优惠政策，营造良好的政策环境，激励、支持和帮助科技服务业的发展，最终形成产业优势。

1.1 支持科技服务业发展的体制改革政策

社会化是科技服务机构发展的根本方向，科技服务机构应该是在法律法规的规范下，在社会经济活动中发挥科技服务功能的社会组织，它们介于政府与社会、政府与企业之间，而不是政府行政职能的延伸，也不是企业的职能部门。科技服务机构是全社会科技创新的一个重要的子系统，是研发产业链和科技产业链中不可缺少的组织和环节。支持科技服务业体制改革的政策应侧重以下几个方面：

第一，深化行政体制改革。把一部分原属于政府的职能，如行业管理、项目评估、市场监管都交由有关科技服务机构去做。理顺政府职能，划清市场与非市场的功能界限，划清公共部门与私人部门的界限，使得股份有限公司、合资公司以及私营公司成为科技服务机构的主体，完全按市场机制运行。

第二，深化事业单位型科技服务机构改革。在确保公益性服务的基础上，逐步建立和完善市场化的服务机制。政府应采取必要措施，有效推动非独立的科技服务机构与隶属单位脱离行政关系，尤其是公共性不强的科技服务机构，帮助其转化为独立经营的社会化服务组织，并为其创造一个公平竞争的市场环境。

改革开放后，随着经济发展对科技服务需求的不断扩大，科技服务机构的数量不断增加，规模越来越大，但我国的改革是自上而下进行的，科技服务机构的出现和发展往往是由政府审批，在主办单位利益驱动的背景下发展起来的，因此这类科技服务机构的独立性、公正性较差。如各级生产力促进中心、科技情报单位、科研院所，等等。这些科技服务机构，尤其是作为政府下属单位的科技服务机构，政府色彩很浓。市场经济的发展要求建立独立、客观、公正、社会化的科技服务体系，而依附性强、独立性差的科技服务机构难以适应市场经济发展要求。为促进我国科技服务机构的健康发展，必须改变这种不合理的结构体系。社会化、产业化应成为科技服务发展的根本方向。

政府资助的公共服务机构在促进技术创新中虽然起着重要作用，但这些机构不能过多，否则会压制同类民营企业的发展。除保留少数由政府资助的面向企业提供公共服务的公共性较强的非营利性科技服务机构外，要以民间投资的科技服务机构为主。

第三，深化科研机构改革。引导转制科研机构深化产权制度改革，建立现代企业制度，以建立现代科研院所制度为重点，深化公益类科研院所内部改革，切实提高社会公益类科研院所从事重大社会公益研究和服务的能力与水平，充分发挥驻粤的国家级科研机构在学科、技术、人才和科研仪器设备等方面的优势，通过与地方共建实验室、工程技术研究中心、科技服务平台等方式引导部属科研机构开放科技资源，使其成为服务于广东省经济发展的导向性科技力量。

第四，推进高校科研体制变革，增强广东省科技原创能力。广东省的高校资源非常丰富，但高校的运行体制使得高校在一定程度上脱离科技创新体系，虽然从理论上讲，它确实是国家创新体系中的重要子系统，但由于高校的管理体制、激励机制使得高校缺乏原始创新动力，所产生的科技成果也很难快速地转化为生产力。高校科研体制的改革应从创立新的符合创新规律并具有自身特色的内部科研管理体制和运行机制入手，激发高校教师和科研人员的积极性和创造性，增加高校对科技创新成果的拥有权，以利益机制引导高校围绕全省重点支柱产业和新兴高新技术产业，对现有的科技资源进行优化配置，以多种方式建立研究中心、创新基地或高技术研究院等，加强各种形式的产学研合作，促进技术开发、成果转化和产业化的发展。

第五，通过体制改革，创新管理制度。体制创新既是服务业创新的一种形式，也是推动科技服务业创新的制度保障。通过体制改革，创新管理制度，不断改善生产关系不适应生产力发展的状况，从而解放生产力，提高生产效率，使体制改革或制度变革成为创新的根本源泉和巨大动力。创新科技服务业管理制度包括政府管理制度创新和行业管理制度创新。

在创新政府层次的管理制度方面，要尽快制定促进技术转移的法规规章。在国家促进科技服务业发展的法律法规尚不完善的情况下，可以在地方先行制定促进科技服务业发展的法规和规章，对政府的责任、大学科研院所以及重点实验室等科研机构的制度、科技成果的管理办法、技术交易的准则以及技术成果权益分享等作出明确的规定。

明确各级科技行政管理部门的技术转移职责。要加强科技行政管理部门和知识产权管理部门的合作，联合推进知识产权战略。国家重点实验室、科研院所和研究型大学要将技术转移作为重要的考核指标。从法律上规定国家和地方核拨科研经费的一定比例必须用于技术转移，科研经费的一定比例必须用于与企业合作研究。国家重点实验室、科研院所和研究型大学要建立技术转移办公室。科研人员和大学教师从事技术转移活动的情况要作为个人业绩考核指标。

建设政府科技计划项目的技术转移与扩散制度。为了确保政府部门资助项目成果的有效转移和扩散，政府科技管理部门应该加强对科技计划项目的选题和立项、过程管理、结题和验收的管理。在选题和立项阶段，以企业为中心的市场主导型确定科研项目，实现由单一性项目向集群性项目的转变。扩大资金来源，形成财政资金和企业、研究机构筹集的合理配套体系。以科研机构或高等院校为主申报的应用性研究项目，必须有企业的参与或协助；以企业为主申报的开发性研究项目，必须有科研机构或高等院校的参与；软科学研究项目，必须有实际工作部门的参与。在研究阶段，应抓好过程管理，包括绩效评估、竞争淘汰和滚动资助。在结题验收阶段，要严格按照合同规定的研究目标进行验收，通过验收的成果，必须进行科技成果登记，从而形成一个系统完整的科技计划项目成果的基础数据库，该数据库可公开部分信息免费向公众开放。

发展技术市场，促进技术转移。技术市场管理部门以促进技术转移为核心职能。政府科技计划项目，验收完成后一年未实施转化的，定期向社会公告，供他人实施转化。政府科技计划项目形成的技术成果具备申请专利条件的，在课题验收完成后两年内未采取措施实施转移的，向社会公告，供他人实施转化。在研究成果及知识产权归属于项目承担单位的情况下，科技管理部门可以在出现以下任何一种情况时，要求项目承担单位将研究成果授权他人实施，或必要时将研究成果及其知识产权收归国家所有：项目承担单位在合理期间无正当理由未有效运用研发成果及其知识产权；有条件实施的单位已在合理的期间以合理的商业条件提出许可使用请求，但未能与项目承担单位达成协议的。

在创新行业管理制度方面，建立科技服务机构认定管理办法。明确各类科技服务机构的性质、地位、功能以及资质评定等程序；明确政府、科技服务机构、研究机构和企业在技术转移过程中的责任和义务；加强对各类科技服务机构的引导、监督和管理；制定各类科技服务机构的职责范围和行业准则等。

1.2 支持科技服务业发展的贸易政策

科技服务业是兼具科技和智力的知识密集型服务产业，行业不断细化，专业性越来越强，科技服务业呈现出科技服务化、服务科技化的发展趋势。现代科技手段的广泛应用使服务业质量迅速提高，服务范围更加向全球拓展，国际贸易额迅速增长，世界进出口贸易的重心逐渐由货物贸易向技术贸易和服务贸易转移，科技服务业国际化进程加快。从发展趋势上看，国外的科技服务机构将以跨国公司的形式和独立的经营机构的形式不断进入中国市场，尤其是经济比较发达的东南沿海地区，广东省作为经济大省将会比内地更早地承受来自国际科技服务业的竞争压力。

因此，要创造实施贸易政策的内部必要条件，即建立政企分开、产权明晰的现代企业制度。企业制度的不健全，使得企业通常缺乏积极进取的内在动力，税收、补贴等战略性贸易政策的推行，常常会使企业养成对政策的依赖，这无益于企业规模经济的实现和产品国际竞争力的提高。在运用战略性贸易政策理论时，应重点加速目标产业现代企业制度的建设，从而为贸易政策理论的运用创造良好的内部条件。

就短期的贸易保护政策而言，要援引 WTO 有关协定的例外条款，依法维护自己的权益。选择适度的保护模式保护比较落后的科技服务业，同时积极地参与国际竞争。要研究广东省科技服务业的实力和各部门、各方面接受外资竞争的承受能力，分阶段、分部门、分层次地开放科技服务业市场。正确选择目标产业，以研发服务业和新兴科技服务业为战略性目标产业，确定适当的保护期限和保护力度，以关税、市场补贴和资本补贴来产生利润转移效应。

在长期的自由贸易政策方面，则需要逐步取消对服务贸易的限制和障碍，取消对我国服务贸易的各种特权和优待，促进服务贸易自由经营。

对外贸易能否处于优势地位，最终是由企业是否具有自主创新能力决定的，因此，培育企业的创新意识、实现产品的差别化与品牌化是对外贸易的核心问题。政府与企业应当共同努力，从体制与机制上培养企业及企业家，实现产品和服务的差别化，增加科技含量。要促进先进生产要素向企业聚集，发挥企业在科技创新中的带头作用，并且积极促进高校科研单位与企业的交流与合作，使先进成果能够及时转化为生产力，创造经济利益。

1.3　支持科技服务业发展的经济政策

支持科技服务业发展的经济政策主要包括财政政策、税收政策、金融政策等。采用正确的经济手段，为服务业创新提供政府的直接的资金支持、间接的税收优惠、政策性和商业性金融帮助等。未来的经济政策应该侧重于如下几个方面：

1.3.1　财政政策

在公共财政框架下，支持科技服务业发展的财政手段主要是财政支出和税收优惠。财政支出主要是以财政资金引导科技服务企业的发展，重点是通过投资、补贴和担保来激励科技服务企业的发展。政府提供政策性财政资金，提高科技服务基金配额、资助专业科技服务机构的发展。除为科技服务机构发展创造良好的外部环境外，政府要提供政策性财政资金加以扶持。政策性资金用于两个方面：一是直接扶持科技服务机构。公共服务机构建立初始，需要靠政府的扶持，其活动主要是非营利性的，在此领域，市场机制失效。二是扶持一些新兴的科技中介服务业，由于企业对业务的未来赢利及政府的政策不确定，政府要先行投入资金创造示范效应，引导社会资本进入。

此外，应给予中小企业购买科技服务方面的补偿，以资金担保等方式支持科技服务体系的发展。政府还可以设立专项资金，对在促进高新技术成果转化或高新技术企业发展方面有重大贡献的科技服务机构，经认定后给予支持。

积极推进政府采购科技服务，培育科技服务市场。

1.3.2　税收政策

在税收扶持政策方面，只有“四技”，即技术开发、技术咨询、技术服务、技术培训活动才享受一定的税收优惠政策。经营所得30万元以下也可免征营业税。但实际执行中对于单独的技术咨询、服务和培训，均不能享受此项税收优惠政策，只有技术开发、技术转让或技术开发和转让过程中发生的与技术转让有关的技术咨询、技术服务、技术培训才可享受上述优惠政策。国家规定“对以向社会提供公共服务为主的中介服务机构，经认定后可按非营利机构运作和管理”，但因审批制度混乱，缺少具体的运营和管理政策，认定工作无法进行，也就无法享受非营利机构的相关优惠措施。在支持科技服务业发展的税收政策方面，应调整现行的相关税种，落实税收优惠政策，并加大税收政策与其他政策的配合力度。

首先，调整现行相关税制。改革增值税，因为科技服务业很难计算增值额，所以，增值税的计征比较困难，较为可行的做法是合理计算科技服务业的研发成本和服务成本，把科技服务企业购买的技术设备、知识产权如稿费、版权、专利等无形资产的进项税额实行增值税抵扣政策，引导企业加大科技研究和开发的投入，增强企业的自主创新能力。

完善所得税制。由于科技服务业是具有科技性和服务性的服务业，中小型企业占有非常大的比重，建议对被认定的中小型科技服务企业实行累进制的企业所得税，最高税率在20%。完善税前抵扣制度，对于科技服务企业研究开发费用，只要其投入比上年有所增长，均可按照加扣50%的规定进行抵扣；企业引进博士后研究的费用，可以视同研发支出。对于研究与试验发展过程中所需要的仪器、实验设备，可按照2年期加速折旧。对企业使用科技成果实施税收优惠；对高新技术投资实行再投资退税。建立技术开发基金，主要用于防范企业在开发和应用新技术上的风险，其数额可按企业投资额的一定比例提取，并在计征所得税时予以抵扣。设立所得税税收优惠期，对于新办科技服务企业设立所得税税收优惠期限，在创办当年及随后3年，对经营的利润全部或部分免税，3~5年减半征收。

改革营业税制。对于中小型科技服务企业，在营业税的计算依据上作一定的修改，引入起征点的设计思路，为中小型科技服务企业计征营业税设立起征点，对未达到一定营业额的中小企业免征营业税，扶持中小企业的发展。

其次，完善税收优惠政策。落实已有的针对科技服务业的税收优惠措施，增加对科技服务外包企业实施税收优惠，建议通过直接立法免税，或采用税务部门先征收、地方财政后返还的办法来实现免税。对于非营利的科技服务机构，经过认定后可实施统一的减免税优惠制度。实施针对科技孵化器的税收优惠政策，如为鼓励高校、科研单位的产学研结合，对新技术服务中心、大学科技园，免征营业税、所得税、房产税、土地使用税。对于从事科学研究、不以营利为目的的科研机构，给予免税的优惠政策。一旦科研机构获得少量的营利收入，必须严格用于科学研究。企业对科研机构的捐赠性投入，并用于科研目的的，可以作为慈善支出，在计算应税所得时予以扣除。实施针对科技服务业人才的税收优惠，对于高薪聘请的人才，应该在个人所得税上给予相当力度的减免。对个人的技术转让、技术专利使用费等减征个人所得税；对科研人员从事研发活动取得的各种奖金、津贴免征个人所得税；对科技人员因技术入股而获得的股息收益免征个人所得税。总之，要完善以间接优惠为主、直接优惠为辅的税收制度。间接优惠是各国税收减免的主要趋势，政府应该以扩大应税项目的抵扣为原则，继续加大间接税的优惠力度。

最后，加大税收政策与其他政策的配合力度。专利制度要以积极促进成果转化为目的，允许研发机构的人员以个人名义申请专利，并规定由专利所带来的利润的分成比例，如个人与机构的分成比例为6：4，提高个人研发的积极性，提高成果转化率。政府积极促进企业与高校及科研单位的研发合作，企业所得税优惠应向产学研渗透。在鼓励企业依靠自身技术力量自主创新的同时，也要鼓励企业通过多种形式与科研院所、高校开展合作，增强企业技术开发能力，可以考虑现行企业所得税政策向支持产学研覆盖。企业对科研院所的研发仪器设备捐赠不受12％捐赠额度的限制准予税前全额扣除。对产学研联合体研发的技术项目，核心技术归属企业与科研院所共有或企业不拥有核心知识产权但享有使用权的，可对该技术项目产生的收益按15%优惠税率征税。企业与高校合建研发机构、实体，可视为生产性投资，企业投入部分可免征企业所得税。允许符合条件的企业按其销售收入的一定比例提取研究开发基金，建立研究开发准备金制度，弥补研发过程中的风险损失。

1.3.3 金融政策

中央政府已经出台了科技服务业发展的宏观金融政策，广东省要根据中央的总体策略，制定符合自身实际的金融政策。中央政府《关于加快发展服务业若干政策措施的实施意见》指出，中央财政和中央预算内投资继续安排服务业发展专项资金和服务业发展引导资金，并根据财政状况及服务业发展需要逐步增加，重点支持服务业关键领域、薄弱环节和提高自主创新能力，地方政府也要根据需要安排服务业发展专项资金和引导资金。《关于促进自主创新成果产业化的若干政策》分别从加大政府投入力度、加快发展创业风险投资、加大信贷支持力度等方面，加强对自主创新成果产业化的支持，加快自主创新成果的推广应用，提高自主创新成果产业化水平。

科技服务机构的发展应积极引导社会资本的参与，发展民营科技服务机构，逐步完善风险投资体系、投融资担保体系、科技转让和退出机制等，加大股份合作制科技服务机构规范运作的力度，通过建立正常的市场退出淘汰机制来增加科技服务机构的整体竞争力。中小型科技服务企业拥有的有形资产较少，融资较难，应设计适合中小型科技服务企业的金融产品，为中小型科技服务企业提供新的融资渠道，整合外部资源。如中小型科技服务企业可以评价自己拥有的知识产权从而进行小额度质押贷款等。

发展科技创业投融资服务体系。鼓励以企业为主体建立创业风险投资公司和基金。积极引进境外风险资本，鼓励境外资本成立独资或中外合资的创业风险投资公司。对主要投资于中小高新技术企业的创业风险投资企业实行投资收益税收减免或投资额按比例抵扣应纳税所得额等优惠政策。鼓励有条件的市、县财政建立创业风险投资引导基金，引导社会资金流向创业风险投资企业，引导创业风险投资企业投资处于种子期和起步期的企业，建立科技服务业发展的多元投融资机制和投融资平台。

1.4　支持科技服务业发展的产业技术政策

科技服务业的产业技术政策是用来指导科技服务业的技术发展方向、目标和任务的政策。支持科技服务业创新的产业技术政策目标主要包括：确定优先或重点发展的产业领域，并在其他政策的配合下，优化产业结构，包括行业结构、技术结构和组织结构的政策等。产业技术政策的核心目标是优化产业结构。

2007 年，广东省政府印发了《关于印发广东省服务业发展“十一五”规划的通知》，明确提出要重点发展金融业、信息服务业、现代流通业、商务服务业、文化产业、科技服务业、旅游业、房地产业、社区服务业、住宿餐饮业十大重点服务业，科技服务业也被纳入其中。2008 年，广东省政府印发了《广东省关于加快建设现代产业体系的决定》，提出要构建“以现代服务业和先进制造业为核心”的现代产业体系，并将“科技服务业”纳入发展现代服务业的重要内容，为科技服务业的发展提出了明确的发展方向。

1.4.1　确立科技服务业发展的重点领域

科技服务业发展的重点领域有：

（1）专业技术服务业。建立可以支撑科学研究与社会生产的专业技术服务体系，促进专业技术服务业行业细分，构建跨省经营的大型专业技术服务企业，推动政府性质的专业技术服务走向市场。包括技术检测服务业、知识产权服务业、海洋服务业、工程技术服务业和环境气象服务业。

（2）能源资源勘查服务业。为了适应国际低碳资源约束环境，应重点发展能源资源勘查业。发展海洋能源及资源勘查，以南海为目标，加强近海油气资源、深海矿床勘查。围绕工业和建筑业发展基础地质勘查，包括海洋油气资源勘查、海底矿床勘查和地质勘查。发展科技交流与推广科技服务业，为了提高科技成果转化率，促进自主创新，能够重点发展科技交流与推广服务业。建设中国（华南）国际技术产权交易中心和全省科技情报信息网，加速技术扩散，推动科技成果转移、转化与推广。

（3）新兴科技服务业。创新科技服务业业态，承接国际转移，以生产性服务业为重点培育新兴科技服务业。如工业设计、服务外包、生物及生命健康技术服务、创意产业和数字内容服务。

从培育新的支柱产业的战略高度，重点发展的科技服务业有：研发服务业、生命健康服务业、外包科技服务业、工业设计服务业、创意设计服务业和检验检测服务业等。

（1）研发服务业。研发产业是现代服务业发展的新型业态，对于促进产业结构升级、提升区域竞争力、转变经济增长方式等有着极为重要的意义。随着研发全球化和跨国公司不断增加在粤投资，广东省应充分利用跨国公司的研发资源，从研发机构集聚、研发人才吸引、产业机制健全、创新环境改善等多个方面着手，将研发产业作为战略性支柱产业加以扶持和培育，提高广东省工业企业的创新能力。壮大工业、农业、社会发展三大领域科学研究板块，按照基础研究、应用研究与试验发展三个层次建设科技创新平台，推动企业研发活动服务化和研发机构外置化，全面增强广东省原始创新、集成创新和引进消化吸收再创新能力。建设工业、农业、社会发展三大研究院，建设三个层次的公共科技创新平台。重点实验室要瞄准基础研究，行业创新平台瞄准应用研究，工程中心瞄准试验发展。

（2）生命健康服务业。以国际化提升健康服务业的能级和水平，依托一批重大项目，加大开放力度，争取政策突破，加快构筑和创新与广东相适应的“高增值、强辐射、广就业”的健康服务业体系，将健康服务业培育为广东省新的支柱产业。

以科技集群促进健康服务业集群。整合广东省各医学院、医院、研究所，形成一个内部频繁交流互动的科技集群，并以科技创新推进健康服务业及产业集群的发展。广东省健康服务产业集中分布在广州、深圳、珠海等珠三角核心城市，要着力把珠三角建设成世界性的健康服务中心和生命科学临床研究领域的基地。

（3）工业设计服务业。工业设计以工业产品造型设计为核心，附加推广产品的辅助设计，包括工业产品造型设计、视觉传递设计，以及工作环境的规划与设计。工业设计是从高新技术产业分离出来的典型的服务业态，主要作用于生产性服务业价值链前端，运用设计的方法将最新的科技成果、市场需求、文化艺术和流行趋势等要素进行整合，为企业开发新产品、改造旧产品，为提高制造企业产品市场竞争力提供开发式服务。工业设计将专业化的智力劳动和知识资本引入制造业，加速了第二、第三产业的融合发展。

基于工业设计服务业的产业特点，要将工业设计服务业作为现代服务业的重点产业来规划发展，应着重从四个关键要素来系统发展工业设计服务业：挖掘整理南粤文化基础，为工业设计服务业提供创造源泉；培养工业设计服务人才，为工业设计服务业发展提供人才保障；培育市场需求，扩大工业设计服务业发展空间；培养科技创新体系，以强劲的科技创新能力为工业设计服务业提供技术支撑。形成“工业设计产业集群＋技术条件平台＋企业孵化＋工业设计人才教育”的中心辐射型发展模式。

（4）外包科技服务业。建设科技外包服务聚集基地。以广州科学城、中新知识城、软件园等园区为基地，以软件外包服务为基础，以制造业外包专业技术服务为突破口，迅速发展以商务应用软件及其配套服务为主要产品形式的科技外包服务业。

推动流程设计、产品设计的新型外包服务的发展。研发基于流程设计、产品设计的科技服务软件产品，引导ERP软件企业和电子商务企业参与新兴的流程与产品设计外包服务市场。

组建“一站式”生物医药产业公共研发服务平台。以广州国际生物岛、科学城生物企业孵化器和其他主要生物医药产业基地等产业集群为载体，依托华南新药创制中心、中科院医药与健康研究院的筛选转化平台、国内领先的动物实验平台、临床研究组织机构和临床试验基地的国际标准的中心实验室，提供生物医药产业全链条服务，实现“一站式”整体服务的目标。完善生物医药产业上游的科研性服务链。大力推进生物医药产业链建设后移，将临床试验组织稽查、数据管理和分析、注册申报、中心实验室服务和药品上市后的四期临床研究作为完善生物医药服务产业链的重点，促进临床试验阶段和临床药品上市后研究链条建设。

（5）创意设计服务业。打造基于数字化的创意设计创新平台，支撑数字设计产业的快速发展。加强数字设计与工业软件在产业改造升级方面的合作，重点发展基于数字化的工业设计、建筑设计、产品外形外观及包装设计、工业模型与模具设计以及广告和平面设计等数字设计服务业。推动数字设计产业从单一产品设计提升为品牌整体形象设计，形成可提供整体设计解决方案的服务能力。

打造文化型创意产业平台与基地。以珠海动画科技园、东莞松山湖创意产业孵化器、东莞市创意产业中心园区、广东影视动漫基地（江门）等平台和基地为依托，以动漫设计为突破口，大力发展数字化视觉艺术、音乐创作等产业，加强软件、多媒体、网络技术在新闻出版、咨询策划、广告会展、时尚消费、娱乐休闲等领域的应用，发展优秀创意产品，提升创意产品的质量和水平。

面向传统产业升级需求建设创意设计产业基地。以陶瓷、纺织服装、家电等传统产业为重点，以佛山创意产业园、广东工业设计城、国家工业设计与创意产业基地、惠州工业园区等基地为依托，加速发展面向传统产业的工业设计产业。

（6）检验检测服务产业。围绕广东省产业技术创新的需求，在重点产业建立科技检验检测平台。建设与人身健康安全、人居生活环境、企业质量控制等相关的特种设备安全性能检测平台、仪器设备计量检测服务平台、食品药品检测服务平台、节能检测服务平台、环保检测服务平台、高低压电子设备检测平台、LED 与光伏发电产品检测平台、家用电器检测服务平台等公共检测服务平台。

依托公共检测服务平台，建设多功能综合性服务平台。建设集专业技术服务、认证计量、分析测试、产业技术路线图、技术培训、产品标准化、商标品牌服务于一体的科技服务平台，为广东省传统优势产业和中小企业提供优质快速的检测服务，提供技术评估与技术标准，支撑家电电器、纺织服装、塑料、钢铁、家具、轻工食品、建材、造纸等传统优势产业转型升级，提升中小企业核心竞争力。

建立检验检测行业认证标准。以广州电器科学院、中国赛宝实验室等为标杆，优选部分具有较优设备和人员基础的科技服务机构和企业，在检验检测的不同领域设立品牌标杆和行业认证标准，促进检验检测行业的健康有序发展。

1.4.2 发展科技服务业的共性关键技术

科技服务业的共性关键技术包括：

（1）健康、安全、环境、资源、能源领域急需、便携、可靠测试技术、工具、方法研究；

（2）实验动物相关技术、标准、伦理研究；

（3）重大科学实验仪器研发；

（4）科技服务业理论与管理研究；

（5）先进物流技术集成试验基地；

（6）动漫渲染技术服务与自主创新软件研发。

1.4.3 创新发展科技服务组织

科技服务组织包括科技服务机构、科技服务企业、科技服务联盟、科技服务协会等。发展创新型科技服务组织是增强自主创新能力的关键。

首先，以政府为主导，建设重点的公共科技研发创新与科技服务平台，如建设广东省工业技术研究院、广东省科技服务研究院，加强省科学院与省农科院的建设、加强社会人文科学与自然科学技术的交叉、融合（特别是社会人文科学，因为发展科技服务业涉及很多人文问题），建立广东省智库，以科技智力、知识、技术支持经济社会发展的重大决策，为政府研究提出改革与发展的重大问题的解决方案。

其次，鼓励发展合同研发组织（CRO）与合同技术服务组织（Contract

Tech－Serve Organization，CTSO）。

最后，支持与鼓励民营资金参与发展科技服务型企业。例如，测试分析业：测试分析除少数情况需要由政府控制外，绝大部分应当放开，由民间具有资质的第三方组织或企业来经营；数字内容业：鼓励民营资本发展数字内容产业，特别是科技数据库、产业分析数据库和专利数据库，政府可以给予补助；设计服务业：鼓励人、技术与文化艺术的融合，发展各类技术设计、工业设计企业；科技创意业：鼓励科技文化与艺术创意相结合，发展文化创意产业；第三方科技服务业：鼓励发展技术转让、技术评估、知识产权服务等第三方机构。

1.4.4 建立科技服务业联盟

为了降低成本，提高效益，规避环境不确定性，控制竞争演化趋势，加快技术积累和技术转移，促进成果转化，广东省建立的科技服务业联盟有：深港知识服务业产业联盟、珠江三角洲技术转移联盟和广东工业设计创新服务联盟。深港知识服务业产业联盟是典型代表，其针对科技中介服务机构较散、较弱的局面，由深圳市多家科技协会组织和咨询、律师、专利代理和创业风险投资机构联手组建而成，联盟的建立进一步改善了科技创业软环境，整合了包括科技协会、律师及专利事务所、创投、咨询服务机构等知识服务业资源，对深圳培育新的经济增长点、做大做强科技型企业起到了积极的作用。但从广东省科技服务业联盟的整体发展上看，产业联盟起步晚，国际化进程严重滞后，仅处于起步阶段，联盟成员大多局限在联盟所在地区或联盟内成员的活动区域，缺乏与国际相关组织的联系。缺乏相关法规保障，合作管理水平较低，联盟内部联系过于松散，联盟内部的信息、知识资源缺乏整合，协同效应远未发挥。如具有科技服务业联盟雏形的“三部两院一省”的产学研合作模式虽已初步取得了一定的成效，但是广东省目前产学研结合机制还不够完善，存在各合作方的价值取向不一致等问题，难以找到很好的结合点，这直接影响了合作的效果。应进一步发展广东省科技服务业联盟，具体措施如下：

（1）成立领导小组。成立广东省科技服务业联盟发展领导小组，定期研究并统筹协调科技服务业联盟发展中的重大问题。领导小组办公室可设在省科技厅，负责做好科技服务业联盟总体发展规划、研究提出扶持科技服务业联盟发展的优惠政策。

（2）拓展联盟筹建类型。注重形式的多样化，以省科技厅为平台，围绕重点行业重大共性问题，在“三部两院一省”产学研合作模式、“泛珠三角”区域科技创新合作联席会议、《粤港合作框架协议》、“哑铃型”国际科技合作模式等机制的基础上，整合港澳台及国内外创新资源，积极引导广东省大中型科技服务企业和科研机构组建跨地域、跨领域的科技服务业联盟，重点构建以优化配置科技资源为目的、技术转移及产权交易和融资服务为内容的交易集成服务联盟，以信息网络技术支撑创新为目的、数据库建设和信息咨询服务为内容的科技信息服务联盟，以共享科技资源和专业技术服务为目的、协调利用各类科技基础设施和共性技术服务为内容的公共技术服务联盟，以培育科技创新企业为目的、提供科技创业服务为内容的创业孵化服务联盟。

（3）鼓励联盟试点。在广东省科技服务业联盟较少的情况下，集中发展具有区域优势的科技服务联盟，鼓励和支持广东省各地市结合本地区域特色，大胆实践，积极寻找特定的细分市场，探索多种科技服务业联盟的组织模式和灵活有效的机制。推动科技服务业联盟试点工作，充分调动和发挥联盟各方的优势和积极性，以形成攻克共性问题的合力。在成熟发展之余有选择性地指导联盟适时设立联盟标识，制定相关行业标准，打造联盟品牌，实现价值最大化，并将经验逐步推广。

（4）积极推进行业协会转型。针对广东省行业协会较多、科技服务业联盟较少的现状，建议在保持组织形式的灵活性、法人身份及以企业为主导的治理结构的基础上，积极稳妥地推进现有各类科技服务业行业协会改革和转型发展。首先，坚持行业协会的民间化性质，积极推行利益导向机制，优化布局，创新价值空间，全方位、跨产业整合省内关联科技服务资源，促进行业协会逐步向自治、自律的联盟模式转型。其次，积极参与全国省市创新联动，鼓励广东省各协会与各兄弟省相关协会联合共建协会联盟，各协会无须形成隶属关系，完全在平等互利的基础上进行合作，轮值交替负责联盟事宜。最后，从提升区域创新能力的角度出发，支持省内协会申请加入各类国际性科技服务业联盟，通过参与各类国际性的组织活动而不断促进自身发展。

1.4.5 降低科技服务业的准入门槛，扩大产业规模

科技服务业市场准入制度要通过法律的形式向社会公开，明确对科技服务业市场主体资格的态度。目前科技服务业准入标准执行的是2008年3月发布的《国务院办公厅关于加快发展服务业若干政策措施的实施意见》，其规定的一般性服务业企业注册资本最低限额为3万元，居世界第8位。过高的准入门槛，对科技服务业的发展构成了明显的抑制作用，造成科技成果转化率低。对于科技交流和推广服务的企业和单位，其竞争性和排他性较强，其注册资金可按最低限额3万元规定。对于研发、设计、创意等科技服务企业、科研单位和大专院校等，因其公共性较强，其注册资金可在3万元基础上进一步降低。而对于科普活动及科普展览等公共性很强的科技服务机构可不设置准入门槛，只需进行登记注册即可。

1.4.6 建立信用评价体系，提高服务质量

通过强化资质管理、严格市场准入和退出，认真履行管理职能，保障科技服务业的质量。要建立系统完整的市场主体和执业人员的信用档案，认真开展信用等级评价。对执业形象不好、群众意见大的单位和个人作出停业整顿或取消执业资格的处理，对守信用、业绩突出的进行表彰。通过资质管理、市场准入与市场退出、表彰评优等工作环节和渠道，充分发挥信用体系建设对科技服务业的促进作用。

1.5 支持科技服务业发展的人力资源政策

科技服务企业或机构的人才队伍素质是决定其服务质量和发展前景的重要因素，但现实中的科技服务机构从业人员的素质普遍偏低，尤其是公共性

较强的科技服务机构。由于多数科技服务机构直接由政府部门设立或大力扶持，其主要领导和部分工作人员由政府直接任命。他们或是从政府其他部门分流而来，或是从部队退役或转业而来，其工作作风常常与官僚主义紧密相连，其专业背景和工作能力也很难适应科技服务这一科技性服务行业的要求。科技服务工作专业性较强，需要由具有专业技术、营销、管理、法律等专业知识的复合型人才来承担。而专业化的教育体制使得跨专业的复合型人才培养还处于初始阶段，专门针对科技服务这一行业的职业教育和培训也处于探索阶段。

发达国家科技服务机构的用人准则是“招聘最优秀的人才，给予最佳的培训，培养最好的科技顾问，为客户提供最优质的服务”。国外所有成功的科技服务机构都拥有一批高水平的专业人才，大型公司每年还要投入巨资对专业人员进行多方面的培训。发达国家的大部分科技服务机构虽然规模不大，人员不多，但专业人员的素质却很高，一般都具有理、工、商、法等两种或两种以上的专长，有博士学位的相当多，而且大都有在企业工作的经历。每一个专业人员都能独自负责某一技术转移项目的全程服务，包括发明评估、市场及技术评估、与外聘律师联系进行专利申请、许可协议谈判、对被许可方运营绩效的监督等。例如，英国技术集团（BTG）科技中介公司共有 180 名职员，其中多半是科学家、工程师、专利代理、律师和会计师；国际著名的兰德公司的从业人员中，学历为硕士、博士的达 80% 以上；日本著名的野村综合研究所、社会工学研究所、未来工学研究所等，从业人员都在 100 人以上，其中学历为硕士、博士的占 50% 左右。

人力资本是影响科技服务业发展的关键因素，教育体系、支持培训、促进人才流动等政策都对其具有明显的促进作用。科技服务创新人才匮乏是广东省科技服务业发展面临的最主要的问题之一，严重制约了科技服务机构的发展。因此，今后必须要加强促进科技服务业人才发展政策的制定工作，采取多种方式和途径培养、引进和开发服务业创新的人才资源。

1.5.1 依托正规教育与职业教育的人才培养策略

结合广东省重点行业创新人才的需求，以高校、职业学校等为依托，建立技术经营人才培养基地，不断调整人才培养结构和专业，加快各类创新性人才的培养，适应不断变化的市场需要，推进了工科大学的专业化。由于大学普遍缺乏先进的实验和实习设施，政府指定理工科大学在靠近各战略产业基地的地区设立实习基地，并且根据省工业发展战略实施专业化和专门化教育，集中支援实验和实习设施，以达到发达国家的水平。以上措施为企业提供了大量从事研究开发的科学家和工程师，同时，培养了熟练的技术操作人员，充实了企业的技术研发力量。

1.5.2 专业技术经营人才的培训策略

可委托行业协会或技术转移联盟来具体运作技术经营人才培训基地的建设和技术经营人才的培训、认证、考核、管理等工作。整合全省生产力促进中心专业镇技术服务人才培训资源，以省生产力促进中心、省金科网、各地市生产力促进中心、金科网各地市分支等服务机构为依托，编印科技服务专业技术教材，开展科技服务网络教学，定期举办专业人才培训班，在全省迅速普及科技服务理念和扩大科技服务人才队伍。面向全省高新技术企业、创新型企业、高新区、专业镇的提升需求，依托百强科技服务机构（企业），向企业推荐和派出科技创新顾问，通过实践锻炼，打造一支实用化的科技创新服务队伍。

1.5.3 引进高端人才和创新科研团队的激励策略

高端科技中介专业人才、高端科技中介管理人才是领军人才、急需人才，是重中之重。要积极吸引高端急需人才进入科技中介机构，以带动行业的全面提升。应吸引具有国际化背景、知识渊博、信息渠道宽的海外留学科技中介人才，引进高校和科研院所及企业中高水平、经验丰富的科技中介人才。灵活和柔性的引进流动方式，既有助于人才引进，又有助于科技中介机构和从业人员的发展。可以采用团队整体引进、核心人才带动引进、项目合作引进等形式，重点引进在高端的新型电子信息、半导体照明、电动汽车、太阳能光伏、核电设备、风电、生物医药、节能环保、新材料、航空航天、海洋等战略性新兴产业的创新领军人物和科研团队。

1.5.4 建立科技服务业职业资格标准体系

科技服务业是“智力—智慧”型的服务业，其机构是一个专业性很强的业务组织，对从业人员的要求非常高，从业人员不仅要具有专业技术背景，还需要通晓经济、管理、金融、法律等多学科知识。因此，在科技服务机构及从业人员的资质认证上，政府要制定严格的市场准入制度，通过技术监管部门对其资格和资质进行严格的审查：对从事科技服务的人员，相关部门要对其进行执业资格认定和上岗前的考核，以确保进入科技服务市场的机构和人员的素质水准和服务质量。加快对科技咨询师、科技评估师、项目管理师、技术经纪人等的资格认定工作。从事科技交流和推广服务的企业和单位人员，除了要有相应的学历，还必须持有某一领域专业技能的从业资格证书。实行这一制度，有助于保证进入科技服务市场的机构和人员的素质和服务质量。建立健全注册执业人员的责任追究制度，逐步实行由注册执业人员对服务成果、设计文件负法律责任和负经济赔偿责任的制度。通过定期审查，对有不良中介行为的人员终身取消其从事科技中介服务的资格。

1.6 支持科技服务业发展的国际合作政策

在美国，国际科技合作是政府外交政策的组成部分，通过政府手段推动国际科技合作是美国科技合作的重要方式。西欧各国的国际科技合作也具备同样的特点，欧洲共同体内部的合作就是政府直接推动的结果。政府推动是一条高效快捷的途径。

1.6.1 建立科技服务业国际合作指导小组

广东省科技服务业国际合作指导小组由广东省科技厅科管处与产学研方面代表、合作方组成，以指导国际科技服务业合作计划的实施。合作指导小组负责组织各方合作者进行科研方面的交流、计划实施的决策等相关事务。定期召开会议，由各课题负责人参加，共同讨论课题进展情况和科研领域内的专业性问题。

1.6.2 制定国际合作发展规划

广东省科技服务业国际合作发展规划应注重人才的国际合作、科研项目的国际合作、国际交流合作和重点领域的合作。

（1）智力合作规划。

有效引进国际智力，发展当地经济。给予来粤的国外和境外（港澳台）的著名学者、高级人才和有专长的科技人员政府级津贴，尤其是服务于服务业的境外高层次人才；制定吸引国际人才来粤工作的优惠政策，为更广泛地引进国外人才奠定良好的基础。吸引留学生到广东高校留学，提高留学生在粤就业或创业的可能性。建立完备的海外学子人才库和海外学子国际科技合作项目库，有针对性地邀请海外学子带项目、资金来粤合作、投资和创业。引进急需的国际顶尖人才来粤从事高科技工作，实现广东的跨越式发展。设立高科技人才专项基金，建立人才引进和使用的长效机制，切实解决好人才引进后的安排使用、家庭安置、政策落实以及后续发展空间等问题。广东省理工类大学应加大国际科技合作人才的培养力度，尽快制订出复合型人才的培养计划和方案，加紧开设相关专业或学科，系统培养一支既掌握一定科学技术，又精通外语，并且熟悉国际规则的复合型人才队伍，为广东省国际科技合作与交流服务。

（2）科研合作规划。

鼓励在粤的国家级科研机构与国外研究院所联合研究，进行产品的开发和研制。发挥各方优势，使产品的研制和开发达到最优化。着力搞好关键技术的引进、消化、吸收和再创新。利用国际科技合作与交流进行原始创新和集成创新，掌握自主知识产权，推动工业企业的自主科技创新。

（3）国际交流规划。

举办国际会议是促进国际学术交流的有效平台，科技人才在国际会议上相互交流，可以直接了解到世界科技发展水平和趋势，在国际会议上的讨论和交流还有助于促成科技的国际合作。

建立和完善国际科技合作与交流网站。高质量的国际科技合作网站是促进国际科技合作的重要渠道，为减少国际科技合作的盲目性，政府科技主管部门应该建立直接面向企业的国际科技合作网站，从项目、资金、人才、信息等多方面为企业国际科技合作提供全方位服务。网站对内向企业及时提供世界各国的科技政策、科技成果、科技动态以及科技合作信息；对外展示广东的科技资源、科技政策，介绍广东企业、高校及科研院所的研究领域和合作项目，及时传递广东企业、科研单位的科技合作需求。

（4）重点合作领域规划。

重点领域将选择生物医药领域，提高工业竞争力的原料、能源领域，环境保护、信息技术、重大传染病防治、网络技术、海洋技术、科技创业园等领域。逐步提高国际科技合作的主动性，国际科技合作必须逐渐过渡到在以广东省为主的条件下，充分利用国外科技资源，达到创新广东的目的。政府相关部门要提高国际科技合作的预见性，将广东省经济和社会发展的重大核心技术、关键技术列入财政计划，从资金上给予保证，并组织大专院校、科研院所、企事业单位进行联合攻关。通过实施重大核心技术、关键技术的国际科技合作，全面提升广东省科技服务人员的整体水平，增强自身的国际科技合作能力。

1.6.3 选择国际合作伙伴

企业是科技成果转化的承担者，科技的研究和发展只有转化为产品，才能推动经济的发展。高等学校作为科技发展的源头，也只有和企业紧密结合，才能促进科研成果转化的顺利进行。企业间的科技合作是科技合作的一种典型方式。应根据广东省产业发展和科技发展的需求有选择地引导企业与不同国家和地区进行科技合作。

与港澳台科技服务业的合作。以市场为主导，采用政府推动模式推动粤港澳台科技服务业合作发展。促进技术交易市场的互动，完善风险投资市场，构建科技产业战略联盟。共建高新技术产业区，科技成果交流平台，开展以高校和科研院所为主体的合作研究，建设科技信息共享网络。

加强广东省与台湾地区的科技服务业合作。建设有利的政治、金融环境，共同培养科技服务人才，建立粤台统一的科技服务业标准，促进粤台科技服务业的国际化发展。在产业合作领域，建立两地科技服务业合作示范区、粤台企业孵化器、粤台农业技术推广站。利用台湾在专业技术服务和技术推广方面的优势，优先发展知识产权管理、产业分析研究、技术预测、投资评估、专业技术应用与整合、设计、实验、检测等功能性服务，提高两地产业转型的效率。在研发领域，联合两地高校、科研机构，在官方的支持下，突破阻碍科技服务业发展的核心技术。加强在能源、环境、民生、健康等影响未来经济发展的基础研究方面的合作。定期联合举办国际科技服务业发展研讨会，参加国际科技服务业论坛、展览。联合建立粤台科技服务业网站，建立粤台技术交易机构战略联盟，联合拓展 CRO 业务，从产业合作开始，不断推进市场营销、国际竞争的全面合作。

鉴于日本在城市垃圾焚烧、污水处理、可再生能源利用以及建筑节能等领域的世界领先地位，应以吸引日本环保科技型中小企业为重点，大力发展新能源、节能减排、脱硫脱氮等新技术装备，打造功能齐全、配套完善的产业集群，政府可以通过制定优惠政策创造良好环境，为合作提供更为优质高效的服务。日本在节能降耗技术和动漫设计技术方面有明显优势，应在此方面加强与日本的合作。

拓展与欧洲国家的科技合作以增强企业自主创新能力。在高新技术领域应注重与西欧国家如法国、德国、英国的合作；在可持续发展、能源、水资源管理、食品安全等领域应注重与北欧的芬兰、瑞典、丹麦、挪威四国开展合作；在促进中医药与西方医学的紧密结合方面应注重与中欧和西欧某些国家合作，如中医药的创新发展要与意大利、荷兰和英国等国家合作。

与北美国家的科技合作是科技合作的重点之一。双方不但可以在大的科学项目上相互合作，在新能源、新材料、环境科学、生命科学、信息技术等领域都有可能开展更加深入、更高层次的合作。

开拓新的合作对象。在深度开拓美日欧市场的同时，鼓励企业开拓新兴市场，重点是东欧、中东、南美、东盟、北非等。印度、巴西、南非以及南美、中亚、独联体国家都有广东省企业和科研院所施展力量的领域，可以对这些国家进行技术输出以获取资金作为进一步发展、创新的积累。

1.6.4 加强国际合作中的知识产权保护和管理

知识产权是企业和区域竞争力的核心要素。加强知识产权的保护是政府的一项重要职能。要提高公民保护知识产权的意识和企业创造、保护和运用知识产权的能力，注重保护自己的知识产权，合法使用他人的知识产权。知识产权制度建设的核心是强化知识产权管理。政府有关部门要制定和完善知识产权保护的地方法规和制度，充分运用知识产权制度促进国际科技合作和科技创新。

1.6.5 建立国际合作的绩效评估机制

为发挥有限财政资金的最大效益，政府有关部门应对政府资助的国际科技合作项目采用科学、客观、公正的评估方法，科学组织和全面系统进行评估，并将评估的结果纳入政府年度目标责任考核的内容。把国际科技合作项目最终形成的经济和社会效益作为考核的主要依据，提升国际科技合作项目的水平。要建立预算评审评估制度，规范国际科技合作经费预算管理，优化经费使用结构，以提高经费使用绩效。要建立责任追究制度，在绩效评估的基础上，对国际科技合作项目完成不力或管理不善者追究相应的责任。

2 纵向政策

纵向政策分析维度是以政策的执行主体为分析对象。以我国为例，主要由国家、省市和区县三个政府层级构成。国家宏观政策，主要由国家相关的法律法规和方针政策组成。国家相关的法律法规具有上位性，国家的方针政策具有指导性。省市中观政策，这一层面起着承上启下的政策链接作用，主要功能是根据国家相关的法律法规和方针政策，结合本区域实际，制定地方性法规和政策。中观政策相对于国家法律法规具有下位性；相对于国家的方针政策具有结合本层级实际而贯彻执行的功能性；由于我国省市多具有地方性立法权，作为一个独立管理层级具有特色性和一定自主性；对于下一层具有上位性和指导性。由于科技服务业的区域聚集性和区域根植性，这一层面对推动科技服务业发展和创新起着关键作用。一方面，国家的服务业政策落实依赖于这一层级的努力；另一方面，本层级还有较大的制度创新和政策创新空间，也对来自当地企业和行业的创新实践有推广和上升为政策的责任。区县（含经济功能区）管理政策，这一层面的管理重在落实和具体实施相关政策。但现行的行政管理体制，也赋予这一层级一定的政策和行政规章制定的权力，所以与上一个层级具有相似的功能。

2.1 国家级科技服务业发展政策

2.1.1 科技服务业发展的法律建设

在立法方面，针对科技服务机构的法规很少，严重滞后于科技服务业的发展，虽然已经出台了《关于对我国高新技术企业创业服务中心工作的原则意见》、《关于进一步培育和发展技术市场的若干意见》、《科技成果转化法》、《国家级示范生产力促进中心管理办法》、《留学人员创业园管理办法》等相关法律法规，《民法》、《合同法》、《中小企业法》的部分条款也涉及科技服务机构，但从科技服务业整体发展的法律环境建设上看，正如科技部在《关于印发〈关于大力发展科技中介机构的意见〉的通知》中所指出的那样，大多数类型的科技服务机构的法律地位、经济地位、管理体制、运行机制等还未得到明确，没有一部完整的关于整个科技服务业的法规。尤其是没有明确哪些科技服务机构是公共性的，哪些是市场性的，这导致科技服务机构在市场竞争中，有些依靠政府，占用了大量行政资源，扰乱市场秩序；而有些科技服务机构却很难获得公平的机会和有效维护其合法权益，致使竞争手段畸形。这样的法律环境将严重制约科技服务机构的发展，尤其是民营科技服务机构的生存和发展。

（1）加强关于科技服务机构方面的立法。具体包括对各类科技服务机构的界定、科技服务的管理体制、与政府和社会的关系、自律机制、法律责任等，明确各类科技服务机构的性质、地位、功能以及资质评定等法律程序；

就目前矛盾比较突出、与经济社会生活关系密切、与技术创新关系密切的若干具体类型的科技服务机构，如资产评估、融资投资机构、咨询、认证机构等方面的科技服务机构进行立法，依法对科技服务进行引导、监督和管理；制定各类科技服务机构的职责规范和行业准则，包括市场准入、交易规则、服务合同、服务范围核定、成本核算、利益分配、纠纷处理、破产管理办法等。加强对科技服务业的法制化、制度化管理；在法规体系建构中加强反不正当竞争立法，注意遏制一些科技服务机构的不正当竞争行为。这样，才能为科技服务业的发展创造一个良好的法制环境，使之趋于良性发展，从而为技术创新的顺利实现发挥更大的作用。

（2）完善知识产权保护制度。科技服务业的技术产权交易、科学技术推广等许多方面涉及知识产权问题，因此，需要完善知识产权制度，加强知识产权保护，加大司法惩处力度，降低维权成本，提高侵权代价，有效遏制侵权行为，防止知识产权滥用，制定相关法律法规，合理界定知识产权的界限，维护公平竞争的市场秩序和公众合法权益。同时进一步制定鼓励技术创新及技术转让的法规，严格实施知识产权保护政策，进一步明确技术成果的产权关系。

（3）制定产学研相关法律。我国已积累了足够的产学研联合典型案例和政策、法律经验，在理论研究上也有了相当的基础，并有国内外的大量相关法律可供借鉴。因而，研究、讨论、制定和颁行《中国产学研法》的基本条件已经具备。制定此项法律是规范产学研合作中各方责权利关系、行为方式及运行机制和政府有关政策法令的迫切需要，也是产学研合作发展的必然趋势。

（4）制定《税收鼓励科技服务企业发展条例》。将现行税法中涉及科技服务企业的优惠条款、亟待完善的相关税收政策以及其他税种的支持措施在条例中进行明确，以条例形式发布，将法律级次上升至国务院行政法规，统筹协调，发挥政策协同效应，为促进科技服务企业发展建立良好的税收制度。

2.1.2　科技服务业发展方针政策的制定

1999 年，中共中央、国务院发布了《关于加强技术创新，发展高科技，实现产业化的决定》，提出要大力发展科技中介服务机构。2002 年 12 月 2 日，科技部召开第一次全国科技中介机构工作会议，提出在 5 年内健全我国科技中介服务体系，并将 2003 年确立为“科技中介机构建设年”。2003 年 12 月 20 日，科技部又发布了《关于大力发展科技中介机构的意见》，具体提出了科技中介机构建设的指导思想、目标和原则等。2006 年 2 月 9 日，国务院发布了《国家中长期科学和技术发展规划纲要（2006—2020 年）》及其若干配套政策的通知，提出了建设“成果转化公共服务平台”，这一平台将对提高我国科技成果转化率发挥巨大作用。

在国家对科技服务业发展的宏观调控方面，政府要将科技服务业作为一个独立的产业，而不是单单从科技中介的角度提出总体的科技服务业发展的战略规划，明确科技服务业的发展目标和政府导向。政府要清楚地了解世界科技服务业发展的趋势及对我国科技服务业形成的挑战和压力，分析我国科技服务业发展的现状和存在的主要问题、阻碍因素，预测科技服务业发展的战略需求，提出科技服务业发展的战略目标和战略部署，确定科技服务业发展的战略任务，战略实施措施建议，等等。在政策环境建设方面，政府要根据不同类型科技服务机构面临的问题，有针对性地制定相应的扶持政策和激励政策，包括体制政策、财政政策、金融政策、价格政策、国际贸易政策、人力资源管理政策和税收政策，等等。

2.2 省级科技服务业发展政策

科技服务机构属于知识密集型服务业，是国家创新体系的组成部分之一，其主要功能是在各类市场主体中推动技术扩散，促进成果转化，开展科技评估，创新资源配置，提供创新决策和管理咨询等专业化服务。在工业化发展进程中发挥提升自主创新能力的重要作用。科技服务机构的发展建设需要政府政策的支持与引导。政府通过制定完善的政策和有效的措施，保证科技服务机构能按照市场经济规律规范化、科学化地发展。

近 15 年来，广东省政府出台的关于科技服务业的政策法规有近 20 项，但没有针对科技服务业发展的较为全面的政策法规，只是散见于相关的政策法规之中，而明确提出“科技服务业”概念是在2007年的《关于印发广东省服务业发展“十一五”规划的通知》中。已经出台的政策主要涉及鼓励科技中介的发展、培育技术市场、支持技术创新和成果转化等方面。而科技中介只是科技服务业的一个组成部分，政策重点关注的生产力中心或工程中心也只是众多科技服务机构类型中的一个。

清晰明确的发展战略思想指导着组织和成员的思维和行动，是政府制定各项政策和配置资源的依据，在产业升级的过程中，清晰明确的发展战略思想尤为重要。立足于广东省科技服务业发展的现状，在近5~20年内，省级促进科技服务业发展的政策应注重将科技服务业作为一个独立的产业来培育和发展，发挥科技服务业对全社会，尤其是对工业自主创新的技术支撑作用，支持核心城市及珠三角地区科技服务业产业集群的建设，支持产业结构的调整和产业转移的科技服务。

提出科技服务业发展的总体战略方案，加强对科技服务骨干企业和科技示范基地的培养。出台广东省科技服务业发展总体规划，如《广东省“十二五”科技服务业发展规划》、《广东省“十三五”科技服务业发展规划》、《广东省科技服务业发展若干政策建议》，等等。除了总体规划外，配套性政策集中在如下几个方面。

培植骨干科技服务业企业或机构，培养科技服务示范基地，出台相关政策，如《广东省科技服务业示范基地管理办法细则》、《广东省科技服务示范基地资金管理办法》、《广东省卓越绩效科技服务企业标准》等，发挥其行业标杆作用，带动科技服务业的整体发展。

表 6-1 1995—2010 年广东省科技服务业发展的主要相关政策

时间	政策名称	关于科技服务业的内容
1995	《中共广东省委、广东省人民政府关于加速科学技术进步若干问题的决定》	鼓励发展技术贸易和技术中介机构，加速培养职业技术经纪人，加强技术交易综合服务
1998	《中共广东省委、广东省人民政府关于依靠科技进步推动产业结构优化升级的决定》	对科技服务机构采取相应的优惠政策和鼓励措施
2000	《广东省技术市场条例》	为广东省科技服务机构和技术市场快速有序地发展提供了法制保障
2001	《印发广东省第三产业“十五”计划的通知》	重点发展科技咨询、科技中介与技术贸易等行业，加快建立科技服务体系，加快建设广东省生产力促进中心网、科技信息服务网以及高新技术孵化服务体系
2003	《广东省财政扶持中小企业发展专项资金管理办法》	建立扶持中小企业专项资金，支持中小企业技术创新和中小企业科技服务体系建设
2003	《广东省关于加快民营科技企业发展的实施意见》	为民营科技企业开展技术创新活动提供优惠政策和鼓励措施
2004	《广东启动科技中介服务体系专项计划》	重点扶持发展科技服务机构
2005	《关于加快我省服务业发展和改革的意见》	鼓励加快科技服务体系的建设
2006	《广东省促进自主创新若干政策》	提出要“引导金融业加大对自主创新的资金支持”，“积极推进产学研合作”，“扶持转制科研机构和科技中介机构”，“加强科技创新基地与平台建设”
2006	《广东省人民政府、教育部关于加强产学研合作提高广东自主创新能力的意见》	为推动部属高校与省各地区和各有关部门，以及省属高校、科研院所、各类经济园区和企业开展产学研合作，提高产学研合作水平和效率，建立良好的产学研合作机制和途径

（续上表）

时间	政策名称	关于科技服务业的内容
2007	《广东省人民政府办公厅关于印发广东省服务业发展“十一五”规划的通知》	明确提出将科技服务业纳入“十大”重点发展服务业范围
2007	《广东省科技型中小企业融资担保风险准备金管理暂行办法》	签订科技与多个金融部门的合作协议，积极帮助科技型中小企业融资
2008	《中共广东省委、广东省人民政府关于加快建设现代产业体系的决定》	提出构建“以现代服务业和先进制造业为核心”的现代产业体系，并将“科技服务业”纳入发展现代服务业的重要内容
2009	《广东省科技型中小企业技术创新专项资金管理暂行办法》	建立支持广东省科技型中小企业技术创新以及融资项目的专项资金
2009	《深圳市人民政府办公厅印发关于扶持我市中小企业改制上市的若干措施的通知》	建立为中小企业上市提供培育的工作机制，拓宽中小企业融资渠道
2010	《广东省促进科技服务业发展专项计划》	重点扶持科技服务业发展政策法规环境建设和科技服务机构能力建设

推动专业技术服务业的发展，分阶段、分重点地适时出台鼓励专业技术服务发展的规划，如《研发服务业发展纲领及行动方案》、《检验检测科技服务业发展纲领及行动方案》、《创意设计服务业发展纲领及行动方案》、《节能科技服务业发展纲领及行动方案》、《工业设计科技服务业发展纲领及行动方案》、《生命健康科技服务业发展纲领及行动方案》，等等。

依靠科技服务机构，转变政府职能，将科技计划项目委托给第三方科技服务机构进行招标和评估，脱离官方和半官方的评估机构，出台《科技评估管理办法》，政府部门应发挥第三方科技服务机构的作用，提高政府管理的效率和决策的科学化、民主化和公平性，也为科技服务机构开辟更大的发展空间。

以推进各地科技创业园区服务标准化进程为重点，研究制定科技创业服务中心、大学科技园、留学生创业园等科技创业服务标准。加快科技成果向技术标准的转化。加快采用国际标准和国外先进标准步伐，促进国内外先进管理经验和技术的消化吸收，提高自主创新能力和研发设计水平。重点推进科技服务业集聚区配套服务规范、科技咨询服务规范、科技成果转化服务规范、科技孵化服务规范等标准制定。

提出支持重点工业领域发展的技术转移法案，制定《广东省促进科技成果转化条例》，对科技成果转化的风险分担、收益分配和资金扶持等事项作出明确规定。努力推动科技成果转化，推广服务体系发展与完善。积极创建和发展以常设技术市场、技术交易机构、技术产权交易机构、技术转移中心、科技开发中心、科技成果转化中心、科技评估机构等为主的技术市场协作服务体系。鼓励和支持科研单位、大专院校和企业设立技术转移机构，开展并推进科技计划项目成果的技术转移、转化和产业化工作。加强宏观引导，建立监管制度，完善监管手段与条件，规范技术交易行为。

以政策引导特色科技展会的发展。鼓励支持省内外科技界、学术界、产业界及相关机构积极举办各类科学技术会议与展览，促进国际科学技术交流与合作。着力打造一批地方精品科技展会，使科技展会逐步成为展示广东省高新技术领域最高发展水平、最高发展成就的窗口，科研成果产业化、商品化的重要平台，高新技术国际交流和合作的桥梁和国内外客商交流合作、共同发展的平台。

设立科技服务业基本科技计划和专项科技计划。科技基本计划包括基础研究、应用研究、前沿高技术、社会公益性研究、科技基础设施和科学普及等内容，专项科技计划支持科技示范工程专项计划、科技引领计划、支持战略性产品研发计划等。基础性计划由政府给予稳定的财政支持，专项计划由财政支持或由财政资金和企业配套资金支持。

出台促进科技服务业国际合作发展的相关政策，如《粤港澳科技服务业合作发展政策建议》、《广东省科技服务业国际合作发展政策与建议》等。

计划在 2010—2020 年出台的政策如表 6 - 2 所示。

表 6-2 2010—2020 年广东省拟出台和需细化的科技服务业政策

序号	政策名称
1	《广东省科技服务业发展总体规划》
2	《广东省“十二五”科技服务业发展规划》
3	《广东省科技服务业发展若干政策建议》
4	《广东省科技服务业示范基地管理办法细则》
5	《广东省科技服务示范基地资金管理办法细则》
6	《科技评估管理办法》
7	《广东省科技服务业服务标准》
8	《广东省卓越绩效科技服务企业标准》
9	《研发服务业发展纲领及行动方案》
10	《广东省大学、科研院所技术转移管理办法》
11	《广东省促进科技成果转化条例》
12	《粤台科技服务业合作发展政策建议》
13	《广东省科技服务业国际合作发展政策与建议》
14	《科技服务业外包发展规划》
15	《广东省“十三五”科技服务业发展规划》
16	《科技服务企业投融资支持政策》
17	《科技服务业关键性技术研发支持政策》
18	《促进中小型科技服务企业创新发展政策》
19	《能源技术服务业发展规划》
20	《机器人科技服务业发展规划》
21	《检验检测科技服务业发展纲领及行动方案》
22	《创意设计服务业发展纲领及行动方案》
23	《工业设计科技服务业发展纲领及行动方案》
24	《生命健康科技服务业发展纲领及行动方案》
25	《粤港澳科技服务业合作发展政策建议》

3 时序政策

任何政策体系，绝不是静止不动的，必然存在时序演进过程。政策时序演进分析的意义在于，我们可以根据大的政策里程碑，将过去到现在的政策演进划分为若干阶段，并研究发现这种演进的一般规律和特点，对未来的演进趋向作出某些判断。未来的政策还可以划分为近期如 1～3 年，中长期如 3～5 年，或长期如 5～10 年进行分析与规划，这也是时序演进分析的一个方面。基于广东省科技服务业的发展基础，本书选取 2011—2015 年和 2016—2020 年两个时段提出未来政策主要倾向。时序政策主要发挥政府政策的引导功能，一方面引导自主创新的发展，使之符合广东省的科技战略和经济发展的总目标；另一方面引导科技服务业的产业化发展。2010—2015 年是科技服务业作为支柱产业发展的准备阶段，2016—2020 年是科技服务业成为广东支柱产业之一的重要发展阶段。

3.1 2011—2015 年科技服务业发展政策

广东省科技服务业的发展要配合《国家中长期科学和技术发展规划纲要（2006—2020 年）》，围绕建设创新型广东的战略目标，服务于自主创新的科技活动方式、创新驱动的经济增长方式和低碳经济发展需求，加速科技服务业的发展。在时序政策安排上，2011—2015 年是培养科技服务业作为广东省支柱产业的准备阶段。

提出“十二五”科技服务发展规划，确立科技服务业发展战略，建立以科技服务企业为核心，创新发展科技服务组织形式，培养科技服务人才，培养龙头企业和技术服务业示范基地，建设优质创新平台和重点实验室。以研发服务业和技术转移与推广服务业为重点，提升专业技术服务业的技术含量，培育新兴科技服务业。

提出研发服务业发展规划与行动方案，具体发展策略包括建构良好的研发服务业发展环境，建立研发服务交易机制，促进研发服务业国际化，强化研发服务业发展的政策措施。提出配套法规，如研发服务业租税优惠及相关议题可行性研究，推行研发服务业发展推动计划，协助研发服务业建立产品研发战略联盟。鼓励国内研发服务业者与国际大厂进行合作研发或接受委托研究。

重点发展的科技服务业领域有专业技术服务业、能源勘查服务业、新兴科技服务业，如科技服务业外包、工业设计服务业、检测服务业等。

重点建设任务在于加强省级、国家级工程技术研究开发中心建设，吸引跨国公司在粤设立研发机构，建立产业创新公共平台，制订产学研模式创新发展计划，增加省级公共实验室，发展民办科研机构等。

3.2　2016—2020 年科技服务业发展政策

在这个发展阶段，广东省已经从“十二五”的科技服务业作为支柱产业的准备阶段进入“十三五”期间，即科技服务业成为广东省支柱产业之一的重要发展阶段。广东省的科技创新能力、科技地位要保持在全国的第一层次，达到世界范围内的中等发达国家水平，科技服务业作为广东省的支柱产业之一，其研发服务业和技术转移与推广服务业成为广东创新体系的重要支撑，广东省建成国家重要的研发基地和科技成果转化基地，成为华南重要的健康服务业中心和以珠三角为核心区的国际科技中心、国际性科技服务业产业基地。

立足于发展支柱产业的角度，提出“十三五”科技服务业发展规划。重点发展的领域逐步转移到新兴科技服务业，出台相应发展规划，包括《能源技术服务业发展规划》、《机器人科技服务业发展规划》、《安全防范评估服务业发展规划》、《检验检测科技服务业发展纲领及行动方案》、《创意设计服务业发展纲领及行动方案》、《工业设计科技服务业发展纲领及行动方案》、《生命健康科技服务业发展纲领及行动方案》，等等。

重点建设任务体现在建立国际知名、国内一流的品牌研发机构、科研团队、科研机构，建立高水平的科技基础条件平台，建立高水平的软件园、科技产业园等方面。

4 结构政策

产业的空间或布局差异是客观存在的现实，分析不同区域空间布局结构的政策是政策分析的一个构成部分。由于空间的大小不一，可以从全球的角度分析不同国家的政策差异，形成国别政策比较分析；或从国家的角度，分析国内区域间的政策差异；也可以从省级的层面上分析省内低一个层级的区域布局及其政策问题等。由于珠三角地区、非珠三角地区，包括粤北、粤东西两翼的科技服务业在资源禀赋、发展阶段与水平、文化等方面存在差异，对两大区域的政策要有所侧重，以调整各差异因素与区域特色科技服务业产业的关系，并通过政策引导区域产业空间结构和布局向合理化发展。

结构政策主要是发挥政府政策的协调功能。主要是协调不同区域之间的行为和资源，以及政府、企业、研究机构的行为和资源，建立区域创新体系，系统地推进产业结构的转移、技术创新和重大技术的转化；协调技术创新主体和技术转化主体的相互关系，减少因缺乏沟通而给科技服务业产业化带来的信息障碍；协调不同区域的产业结构关系、科技服务业与工业的关系，达到优化产业结构的目的。

4.1 珠三角科技服务业发展政策

广东省有21个地级市，其中珠江三角洲有9个市，区域经济发展很不平衡。珠三角地区科技服务业的GDP总量已经占全省的80%以上，呈现出较强的产业发展势头。科技服务业发展的结构政策是以促进广东省经济发展有效的空间布局进行的，以珠三角地区和非珠三角地区为两大区域层次，珠三角地区发展科技服务业是将科技服务业作为一个独立的产业发展，重点建设科技服务业集群创新，同时服务于珠三角高新技术产业“二次创业”的发展，发挥科技服务业对高新技术产业的技术支撑作用和科技服务作用，以此带动粤北、粤东西两翼的发展，加快广东省科技服务业的整体发展速度。

4.1.1　科技服务业作为独立产业发展

在珠三角地区以完善产业链的思想发展科技服务业，使其成为一个独立的产业，并最终成为广东省的支柱产业。在科技服务业的产业链中，处于中游的技术推广和专业技术服务相对发达，而上游的研发和下游的产业化服务相对薄弱，珠三角未来的发展政策要引导上游和下游的发展，尤其是政府提供环境建设措施，使得市场要素配置到短缺环境中。

提高科技服务业发展质量。首先，遴选和扶持具有优势的骨干服务机构以打造服务品牌，完善服务基础设施，规范服务，提升服务能力。其次，制定科技服务品牌战略和规划，确定品牌建设的重点行业和领域，推动科技服务机构由单一服务模式向聚集服务模式转变，突出主导业务，凸显特色，强化品牌，提高核心竞争力。再次，实施科技服务百强企业或机构培育工程，促进全省自主创新能力提升，加快转变经济发展方式，加快建设现代产业体系，培育和发展科技服务业龙头企业，引导和带动广东省科技服务业质量的提升。最后，制定科技服务业发展的标杆指数和质量认证体系，引导企业提高服务质量。以技术创新、方法创新和机制创新为手段，不断完善服务方法和手段，优化服务流程，拓展服务范围，提高服务水平，提高标杆指数和质量认证体系的适用性和权威性。

创新发展科技服务业态。支持开展科技服务业新业态的前瞻性研究和探索，研究产品与服务融合机制，支持产品与服务相融合，研发能在科技创新公共信息、公共科技条件、公共科技服务和环境生态科技服务等领域得到广泛应用的科技服务型产品。重点支持嵌入式软件、工业软件的研发和设计服务，物联网应用示范以及云计算在电子商务、金融、网络动漫等领域的应用。以新兴科技服务业为重点，发展创意设计、生命健康技术服务、数字媒体技术应用、制造业和服务业外包专业技术服务等新兴服务业业态。结合广东省制造业产业集聚的典型特征，创新先进制造业与科技服务业发展的联动机制，推动制造企业剥离内置化的科技服务，形成信息服务、研发、设计、技术服务等外包业务，促进科技服务产业化、规模化，承接国内外的研发、设计、咨询等科技服务业务，增强广东省服务经济的发展实力，探索转型新路径。

以珠三角三个经济圈的核心城市为重点，根据现有的科技服务业产业基础，采取兼具差异化和互补化的发展思路，发展三个核心城市，带动整个珠三角科技服务业的快速发展。广州市以发展研发服务业、技术检测为重点，以广州中新知识城为依托，建设国家级的研发产业集群。重点发展广东现代服务交易中心（广东现代服务研究院）、中新知识城、国际生物岛、广州科学城、广州大学城、广州高新区、广州南沙科技创新园、广州总部经济区。深圳市以生物医药、创意设计、技术产权交易、风险投资和服务外包为重点，以高交会为依托，发展高科技服务产业。重点建设深圳高新区、深港河套地区和前后海创新园。珠海市以新兴科技服务业为重点，以珠海高新区为依托，发展工业设计、信息内容服务、生命健康服务等新兴科技服务业。以横琴岛为依托，引进国际科技服务机构和人才，承接国际科技服务外包业务。

4.1.2 为高新技术产业二次创业提供科技服务

确立在珠三角地区科技服务业服务于高新技术产业深化发展的原因是，广东省94%以上的高新技术产业集中在珠三角地区，广州市和深圳市是龙头，产业地区集群特征突出，已经形成了专业化分工和产业链，结成了生产、研发、销售的网络，高新区、专业镇、科技园成为珠三角高新技术产业发展的重要基地。拥有广州、深圳、珠海、佛山、中山、惠州、东莞松山湖、肇庆高新区国家级高新区，形成了电子信息、先进制造、新材料、生物医药四大高新技术产业集群。但珠三角高新技术产业的明显问题是自主创新能力不足，核心技术缺乏，产品附加值率仅为5.87%，在国际产业分工中，处于产业链末端，处于生产的组装和加工环节。高新技术产业在二次创业中要实现三个方面的转变：高新区的发展模式要由原来的制造业“空间集聚式的平面扩张”，转变为制造业“价值提升式的战略空间扩张”；高新区的投入模式要由原来的土地、厂房、设备、劳动力等“重资产投入”模式，转变为技术、品牌、商业、人才等“轻资产投入”模式；高新区的招商引资模式要由传统的引进工业项目为主，向引进工业项目与高端服务业项目相结合、引进技术与引进人才相结合、发展现代服务业与建设核心企业服务窗口和完善的网络体系相结合的方向转变。实现这些转变是一个复杂的系统工程，而科技服务业在这个系统中起着桥梁的作用和对整体高新技术产业的技术支撑作用。创新发展产学研模式，发挥科技服务业的科技性服务作用，选择重点服务的领域和重点建设的创新平台是发展广东省高新技术产业的必要条件。

科技服务业服务于高新技术产业的重点领域是：电子信息产业，生物技术与医药，先进制造业，新材料，能源、交通、环保，改造传统产业。建设服务于高新技术产业的创新平台、可再生能源利用技术创新平台、芯片设计库与服务平台、激光与光电电子中心、食品安全检查监控与信息化精确监管平台、新药筛选技术平台、新型生物催化技术平台、先进制造技术创新与技术服务平台、纳米技术研发和应用平台，完善高新区孵化功能，培养和发展金融保险、风险投资、担保机构、技术交易、科技信息、公共检服务平台等中介服务机构。以创业服务中心、科技企业孵化器、省级研发院等完善的科技服务业体系服务于高新区的发展。

4.1.3　建设科技服务业产业集群

以科技服务业较为集中和基础较好的珠三角城市为典型，如广州、深圳和珠海等，以新型科技园区和科技服务平台为载体，高标准规划和建设科技服务基地，构建科技服务业集群。同时，加强以产业链为纽带的科技服务业产业集群的建设。围绕龙头企业和产业集群，使得水平创新链、垂直创新链与外围的各类科技服务机构、高等院校、科研机构、金融机构、中介机构等共同形成产业创新网络，发挥知识创新、技术创新、知识传播和知识应用等重要功能，推动产业升级和产业竞争力的提升。

在珠三角地区促进科技服务业产业集群的发展的原因是：首先，发展科技服务业是转变经济增长方式，优化产业结构升级的客观需求，是加快区域自主创新发展，加强科技创新体系建设的服务支撑。广州、深圳、佛山、东莞、珠海等珠三角地区的城市在科技服务业发展上各具特点，已经在不同程度上发挥着产业集聚效应。产业集群汇集相同类别的科技服务企业，采取优势互补、集中经营、资源共享的方式来解决单个企业经营中的困难，扩大企业影响力，对中小型企业科技成果转化起到至关重要的作用。使得同类企业相互竞争、相互学习，不断改革创新，投入更多的研发资金，推出高质量的、新颖的服务产品。科技服务机构可以联系产品生产的上游、中游、下游各个环节，有效配置集群中的企业资源，尤其是人力资源配置和物资资源配置，发挥科技创新的原动力，为工业自主创新服务，提升现代产业整体竞争力。

其次，集聚有利于促进科技服务业形成有效供给和需求。由于集聚区域内相关服务产品众多，企业之间竞争激烈，这不仅大大增加了服务产品的供给，更保证了服务产品的质量，也提高了服务企业的信誉，从而使集聚区内的服务产品对顾客更具有吸引力。而当集聚发展到一定程度还会形成“品牌效应”，获得更高的市场认同，进一步促进市场对其服务产品的需求。集聚区内部合作和诚信的文化氛围也有利于提高企业交易效率。这一切无疑都会增加服务产品的有效供给和需求，从而引导科技服务业加速发展。

最后，集聚有利于科技服务机构的快速成长和发展。在集聚区这样的产业生态环境内，紧密的产业关联、共享的资源要素、丰富的社会资本、有效的竞争机制，会形成强烈的外部集聚优势，能实现规模经济与范围经济、降低交易成本、形成创新网络，从而能够吸引更多科技服务机构进入集群。集聚的发展也有利于形成产业共同进化机制。例如，单个大企业有可能会受制于资产专用性难题、产业退出的沉淀成本大，而不能快速进行产业转型。但集聚则可通过协同效应，形成类似生物群落或生态系统中的共同进化机制。

企业通过收购兼并、战略联盟、业务整合等，可实现价值链活动的空间分工，使产业不断实现升级换代，可及时进行产业转型以获得持续发展。另外，集聚有利于增强区域内科技服务企业或机构的创新能力。科技服务业集聚发展，有利于技术、管理知识的交流和人力资源的培养与利用。在产业集聚区内，创新的技术、科学的管理方法一旦被使用，就很容易被其他企业就近学习、模仿，从而迅速得到推广。它也促进了人才和劳动力的合理流动，为区域内科技服务企业或机构自主创新能力的提升创造了条件。

产业集群的发展与政府行为有密切关系，政府适当的介入和干预能够改善集群产生的外部环境条件，从而促进产业集群升级和竞争能力的提高。在促进产业集群的发展上，地方政府较之中央政府需要发挥更大作用。科技服务业集聚区具有产业集聚、空间集约、高效连通的特点，通过合理布局和有效开发，有助于在较短时间内形成科技服务业发展的新高地，促进现代服务业集约化、节约型发展，有利于实现服务组织机构的网络化，促进知识交流与服务创新。

第一，重视规划引导。各市要根据本地区科技服务业发展特点，结合支柱产业需求，选择一批政府重视、产业基础强、条件较好的科技服务业务领域，如广州市以发展研发服务业、技术检测为重点，深圳市以生物医药、创意设计、技术产权交易、风险投资和服务外包为重点，珠海市以新兴科技服务业为重点，进一步明确方向，突出重点，统筹组织，引导资源有效配置和集约利用。

第二，设立示范企业，加强政策扶持。在建立科技服务业产业集群的同时，可以适当地设立科技服务的示范企业，并且采取动态调整的竞争模式。示范企业的建立可以为准备加入集群行列的企业提供模型，为发展中型企业建立学习的榜样，将带动其他周边企业的竞争意识，推动集群企业科技的进步，推动企业文化的发展，形成良性循环。同时，对示范企业自身也是一个很好的评价和推动，促使企业自身技术的创新、人才的成长、设备的投入和竞争力的提升。各级地方政府要加大政策扶持力度，为科技服务业集聚区营造良好的政策环境。服务业专项资金及科技服务业有关项目计划要优先考虑集聚区内企业。凡是入驻科技服务业集聚区，符合其主体功能定位的企业应享受一般工业企业在省级以上开发区享受的水、电价格，其在集聚区内的项目可优先纳入土地利用计划，并享受一定的税收优惠。

第三，加快网络与数据库建设。网络和数据库建设是科技服务体系能力建设的重要内容。政府应牵头引导企业和社会力量投资建设，尽快建设一个功能强大的网络平台和共享的开放型数据库。在集聚区内，有效降低科技服务机构获取信息资源的成本。网络与数据库可在各类科技服务机构之间、科技机构与政府之间、科技供需方之间提供一个方便快捷的交流平台，有利于更好地推进科技服务业的集聚。

第四，以载体引进为重要手段。各地要加快科技服务业对外开放步伐，促进集聚区内外的交流与合作，整合现有资源，以积极的态度吸引国外投资。依托有竞争力的企业，加快培育行业内名牌企业，以点带面，以合资、合作方式引进国外科技服务机构，带动科技服务业发展。重点是要吸引国外知名科研机构和科技服务机构在当地建立分支机构，以此为平台，吸引人才、资金、技术等要素进入科技服务业集聚区。

第五，提升管理和服务水平。各科技服务业集聚区要建立相应的管理机构，加强对集聚区内机构的统一管理。要增加对区内企业的服务范围，实行“一站式”全程服务，并加快集聚区内的公共服务平台和信息平台建设。调整政府行为，为集聚区机构提供更加优质的服务和支持。全力建设基础设施，美化环境以吸引各类机构和人才进驻。

第六，创新集聚区的发展模式。除了政府提供的大力支持和服务外，科技服务业集聚区的成功发展更多还要依靠自身的发展机制，不断主动提升竞争力。不论在硅谷还是班加罗尔，不论是在所谓的高科技产业集聚区还是在相对传统的产业集聚区，在所有成功的案例中都能发现各具特色的创新机制，先进的专业化人才教育和培训体系，紧密有序的企业间竞争合作关系，以及创新、竞争和信任的文化氛围，这些对于科技服务业集聚发展都是至关重要的。

第七，建立风险规避机制。科技服务企业应建立自身的风险投资意识。在集群范围内，有着自身的竞争，在集群之外，市场的竞争更加激烈。这必然会出现优胜劣汰，在集群中相对不成熟、竞争力不强的企业必然被市场所淘汰。如何在扶持企业的同时又规避风险就显得尤其重要。根据风险投资理论，应该在企业建立之初，对企业给予资金的投入，在后期只需给予相适应的政策扶持即可。在投资的可行性论证上要多下工夫，而且，合理有效地利用资金资源和土地资源尤为重要。

第八，在税收政策方面，允许形成产业集群的群内科技企业对其购进的生产设备进行抵扣，以提高科技服务企业的竞争力，加快科技服务企业设备更新改造。

4.2 非珠三角科技服务业发展政策

非珠三角地区的科技服务业的发展主要集中在三个方面，一是为当地支柱产业发展提供服务；二是发挥科技服务业的产业支撑体系的作用，服务于非珠三角地区包括粤北、粤东和粤西的经济发展，主要是服务于珠三角产业向非珠三角地区产业转移；三是服务于当地专业镇的建设。

粤东西两翼地区：以高新区和产业转移园区为重点，大力发展科技服务平台、技术创新平台和检验检测平台。在粤东西两翼的中心城市适度发展钢铁、化工科技创新平台和与临港工业相配套的科技服务业。

粤北部山区：鼓励粤北部山区发展农业科技服务业和优势产业科技服务业，建设科技信息中心和推广中心，推动北部山区承接珠三角地区产业转移和技术转移。

4.2.1 为支柱产业发展提供科技服务

粤东西两翼发展支柱产业应以加速传统产业升级、促进高新技术成果转化为目标，粤北地区要建立适用的技术推广体系，实现专业化分工，建立科技服务体系。专业化分工和服务体系化或网络化，是社会经济发展的必然要求。在科技服务的不同环节，需要不同的科技服务机构；在不同的技术领域，需要有不同专业背景的科技服务机构来提供服务。要求某一个科技服务机构提供所有专业服务是不可能的，要结合各科技服务业的行业特点和科技服务机构的服务特点，形成其专业化服务，结合当地的经济结构和支柱产业的发展状况，加强面向特定行业的服务。通过多途径、多渠道、多方面的共同努力，促进各类专业化科技服务机构的生成和服务能力的提升，以技术服务、现代管理、信息咨询、风险投资和评估等机构，以专业化、信息化、网络化、产业化科技服务体系服务于非珠三角地区的支柱产业发展。

如云浮市，围绕石材、不锈钢、水泥、硫化工等支柱产业和生物医药、健康产业等新兴产业，研发、推广电子信息、现代生物、新材料、节能环保等技术，特别是石材机械工程的新技术应用，水泥、化工等高能耗行业的先进节能技术应用，纺织行业的环保技术应用，同时，加强对技术引进工作的咨询和评估，鼓励企业与科研机构联合，开发替代进口的产品。按照核心和关键技术优先的原则，围绕高新技术产业的发展，着重在电子元器件及新材料制造技术、生物医药技术、轻纺高技术、环保与资源综合利用、现代农业等关键技术领域实现突破，达到提升传统支柱产业、发展高新技术产业、培育新兴产业的目标。

4.2.2 为产业转移提供科技服务

科技服务业要在构建非珠三角地区产业转移硬环境的建设中发挥服务作用。产业转移的硬环境，主要是指一个地区的区位条件以及为企业发展所提供的硬性基础设施等方面的便利与服务。基础设施等因其公共物品的特性，必须通过政府有计划、有目的的建设方能得到改善。广东山区及东西两翼的基础设施依然处于相对较低的水平，要通过政府的作用，使当地的经济活动区位条件得以改善，调节经济活动的区位，以此来吸引产业转移。各非珠三角地市政府要加强园区建设。加强河源、揭阳、阳江、梅州、清远、云浮等非珠三角地区的大学科技园、民营科技园、农业科技园等各类科技园区建设，建设科技成果孵化基地，引导产学研合作，推动企业孵化器建设，发挥生产力促进中心作用。

配合“双转移”工作，建立和完善互助互补多元化的合作平台。如中山市被省政府认定的省级产业转移园有中山火炬（阳西）产业转移工业园、中山（肇庆大旺）产业转移工业园、中山（韶关）产业转移工业园、中山大涌（怀集）产业转移园；珠海市被省政府认定的省级产业转移园有珠海（茂名）产业转移工业园、珠海（揭阳）产业转移工业园。另外，云浮市与佛山市产业转移工业园发展迅速。在珠三角与非珠三角的产业转移与合作过程中，三大城市圈要进一步推进与粤北、粤东西两翼地区的合作，带动广东省区域经济整体发展。

科技服务业要服务于产业转移软环境的建设。产业转移的软环境，主要是指一个地区为企业发展提供的社会文化、法规政策、市场环境等方面的便利与服务。政府作为产业转移的引导者，担负着城市规划、建设经营、管理的重任，这就决定了政府在投资软环境中必然处于规划、领导、指挥、协调的主导地位。政府的宏观行为是通过在经济规划中制定长期的产业发展政策，促进地区产业转移，进而提升本地区的产业竞争力；微观行为是政府逐步改变传统的行政管理体制，将工作的着力点放在培育市场主体、改善市场体系、做好社会管理规划与组织好公共产品的提供上。科技服务业通过为政府提供技术咨询、专业技术服务等实现其服务功能。建立产业共性技术平台和技术服务体系，加强产学研结合，建立制造业信息服务平台，推进企业信息化建设。

政府要引导建设节能科技服务机构，为珠三角产业向欠发达地区转移过程中减少环境污染、节约资源提供科技服务。

4.2.3　为专业镇发展提供科技服务

广东省专业镇经济与科技特征主要表现在：一是产业集聚程度高。对2008年广东省277家专业镇的统计分析显示，专业镇集聚企业42.86万家，实现GDP 10 526.1亿元，工业总产值23 996.2亿元，出口额813.38亿美元，GDP约占全省的1/3。二是专业化程度高。2008年广东省277个专业镇共有特色经济企业12.27万家，创造9 777亿元工业产值，占全省专业镇工业产值的40.75%，各专业镇形成了特色明显的产业。三是创新能力不断提高。广东省已建立215个专业镇创新平台，年申请专利38 930项，占全省专利申请量的37%，科技活动经费173.58亿元，占全省的20.6%。但从创新集群的标杆角度来看，专业镇离创新集群的差距仍比较明显，主要表现在企业的创新能力弱，创新的合作非常少，以价值链为纽带的服务和互动的体系远未形成。

为促进企业创新能力的提高，应加强创新合作服务。鼓励有条件的中型以上企业建立研发机构和研发小组，加强企业之间的创新合作，加强产学研合作，鼓励承接海外产业垂直分工的企业开展引进消化吸收再创新，建立创新服务平台，组织共性技术的攻关等。以科技服务为核心，加强产业创新的服务体系建设。围绕实现价值链的过程，加强研发、设计、物流、品牌等服务体系的建设，增强以价值链为纽带的各环节的合作。

参考文献

[1] 顾桂芳，李文元. 北京市科技中介机构发展经验及启示. 科技管理研究，2009 (7)：201 ~ 203.

[2] 孙钢. 发展科技服务业　助推企业技术创新. 太原科技，2009 (6)：17 ~ 18.

[3] 卢生芹. 科技中介机构运行机制存在的问题及其对策研究. 中央社会主义学院学报，2009 (3)：89 ~ 93.

[4] 姚培龙等. 石家庄科技中介机构现状问卷调查与统计分析. 科技资讯，2008 (33)：221.

[5] 张玉芬等. 吉林省科技中介机构发展的问题及对策. 农业与技术，2009 (4)：10 ~ 13.

[6] 张宏军. 科技中介机构发展的国际比较与借鉴. 科技与经济，2009 (2)：17 ~ 21.

[7] 周艳明等. 科技中介机构在产学研结合中的作用研究. 科技管理研究，2009 (8)：50 ~ 53.

[8] 吴晓颖. 智力型科技服务机构的税务筹划. 税务纵横，2003 (5)：31.

[9] 王凡等. 发达国家科技中介机构的发展和管理. 江汉论坛，2009 (10)：141 ~ 144.

[10] 张宏军. 建立科技中介机构成长机制的基本思路. 理论探索，2009 (1)：91 ~ 94.

[11] 孙强，岳崇兴. 科技中介机构服务创新研究. 企业管理，2009

(23)：150.

[12] 付大卫，宁燕. 美国科技服务机构的发展及其在中国设立科技服务机构模式研究. 中国科技信息，2008 (9)：286 ~ 288.

[13] 朱文丽等. 我国科技中介机构的问题及改善对策. 企业导报，2009 (8)：34 ~ 35.

[14] 张强. 新形势下科技服务机构的作用. 科技成果纵横，2009 (1)：20.

[15] 陈帆. 发展福州市科技中介机构的建议. 海峡科学，2009 (2)：61 ~ 62.

[16] 黄浩海. 科技服务业机构有为有位. 海峡科学，2002 (4)：6.

[17] 孙芃. 科技中介机构现状、生存与发展. 江苏科技信息，2009 (3)：33 ~ 34.

[18] 郭玉冰. 浅议山西省农业科技中介机构及其发展. 山西农业大学学报（社会科学版），2009，8 (2)：125 ~ 127.

[19] 张宏军. 我国科技中介机构运作机制的创新研究. 湖北第二师范学院学报，2009 (1)：59 ~ 62.

[20] 梅强，赵晓伟. 江苏省科技服务业集聚发展问题研究. 科技进步与对策，2009，26 (22)：74 ~ 76.

[21] 乔林碧，王耀才. 政府经济学. 北京：中国国际广播出版社，2002. 64 ~ 69.

[22] 伍海华等. 产业发展论. 北京：经济科学出版社，2004. 151.

[23] 徐向艺等. 产业经济学（第三版）. 北京：经济科学出版社，2005. 460 ~ 477.

[24] 戴力新. 江苏省科技创业公共服务平台建设架构. 江苏科技信息，2006 (11)：33 ~ 35.

[25] 闵京基，潜伟. 韩国中小企业技术创新现状与扶持政策. 科学学研究，2004 (6)：600 ~ 605.

[26] Organization for Economic Cooperation and Development. *OECD Factbook, 2009: Economic, Environmental and Social Statistics*. OCED, 2009.

[27] Marian Beise & Harald Stahl. Public Research and Industrial Innovations in Germany. *Research Policy*, 1999 (28): 397 – 422.

[28] 郑笑. 美国技术转让法律政策简介. 全球科技经济瞭望, 2004 (11).

[29] 吴伟萍. 国外科技中介组织的成功管理经验及对我国的启示. 科技管理研究, 2003 (5): 12 ~ 13.

[30] Michael Schwartz & Christoph Hornych. Specialization as Strategy for Business Incubators: An Assessment of the Central German Multimedia Center. *Technovation*, 2008, 28 (7): 436 – 449.

[31] Ortega-Argilés, Raquel & Brandsma, Andries. R&D in Services Industries and the EU-US R&D Investment Gap. *Science & Public Policy*, 2010, 37 (6): 429 – 441.

[32] 裴瑱. 企业外包与我国现代服务业的发展. 企业活动管理理论, 2006 (8): 81 ~ 82.

[33] 谢惠加. 省部产学研创新联盟需厘清五大知识产权利益关系. 广东科技, 2010 (4): 2 ~ 5.

[34] 颜振军. 中国地方政府科技管理的问题与对策. 中国软科学, 2008 (12): 67 ~ 76.

[35] 张卿杰. 企业信息化第三方服务. 中国制造业信息化, 2006 (7): 4 ~ 8.

[36] 林建宁. 澳门回归以来服务业发展现状与趋势. 亚太经济, 2008 (3): 118 ~ 120.

[37] 陶幸光, 季春. 加快我国科技服务业发展的对策研究. 江苏科技信息, 2009 (2): 2 ~ 23.

[38] 王亮. 论科技服务业的产业特征. 集团经济研究, 2007

(3): 182.

[39] Ruud Smits. Innovation Studies in the 21st Century: Questions from a User's Perspective. *Technological Forecasting & Social Change*, 2002 (10): 861 - 883.

[40] Barras R. Towards a Theory of Innovation in Service. *Research Policy*, 1986.

[41] OECD. *OECD Science, Technology and Industry Scroeboard, 2003*. Beijing: Scientific and Technological Documents Publishing House, 2004.